NÄHEN MIT DER
OVERLOCK-MASCHINE

NÄHEN MIT DER
OVERLOCK-MASCHINE

Nähte – Säume – Zierstiche – Bündchen –dekorative Ränder

Julia Hincks

Librero

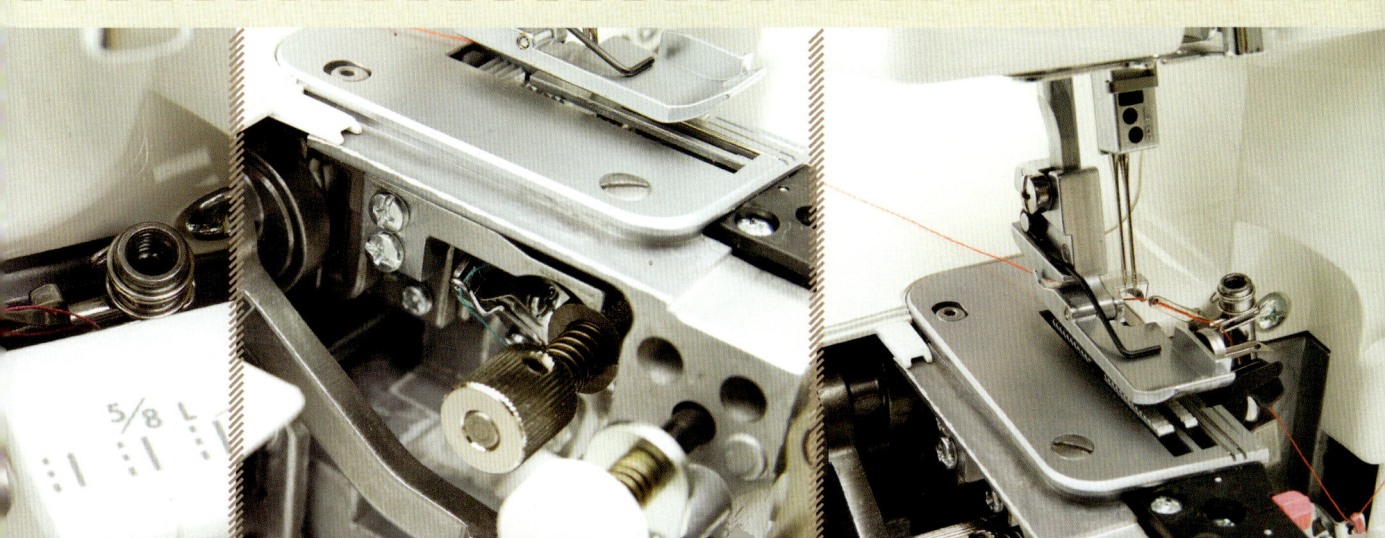

Titel der Originalausgabe: *Mandalas to Crochet*

© 2017 Librero IBP (für die deutschsprachige Ausgabe)
Postbus 72, 5330 AB Kerkdriel, Niederlande

© 2014 Quarto Publishing plc

Redaktion: Lily de Gatacre
Art und Design: Julie Francis
Fotos: Simon Pask
Lektorat: Sally MacEachern
Korrektorat: Sarah Hoggett
Illustration: Kuo Kang Chen
Register: Ann Barrett
Art Director: Caroline Guest

Creative Director: Moira Clinch
Verleger: Paul Carslake

Übersetzung aus dem Englischen:
Helene Wagner, Wien
Redaktion und Satz der deutschen Ausgabe:
Print Company Verlagsges.m.b.H., Wien

Printed in China

ISBN: 978-90-8998-823-2

Der Richtigkeit und Vollständigkeit der Informationen in diesem Buch wurde größte Sorgfalt gewidmet. Sollte unabsichtlicherweise dennoch ein Urheber nicht angegeben sein, werden wir dies nach Kenntnisnahme in der nächsten Ausgabe berichtigen.

Inhalt

Über dieses Buch

Eine Overlock kann anfangs etwas abschreckend wirken, aber nach mehrmaliger Verwendung und Eingewöhnung werden Sie nie mehr ohne diese Maschine arbeiten wollen! Kein herkömmliches Zickzack-Muster für Saumkanten – die Overlock sorgt immer für ein professionelles Ergebnis. In diesem Buch sehen Sie, wie einfach Einfädeln und Nähen mit der Maschine sein können. Kanten lassen sich schnell einfassen und jedes Nähprojekt sieht am Ende makellos aus. Schritt-für-Schritt-Anleitungen stellen sicher, dass Sie Spannung und Differentialtransport korrekt einstellen, um das bestmögliche Ergebnis zu erzielen.

MASCHINENTYPEN
Dieses Buch eignet sich für die meisten Overlock-Maschinen mit zwei bis fünf Fäden.

KAPITEL 1
OVERLOCK-BASICS SEITEN 10–43

Dieser Abschnitt zeigt die Maschine von oben bis unten, das Einrichten und die Einstellung der Spannung. Außerdem wird auf die Wahl der richtigen Tools, Fäden und Textilien eingegangen.

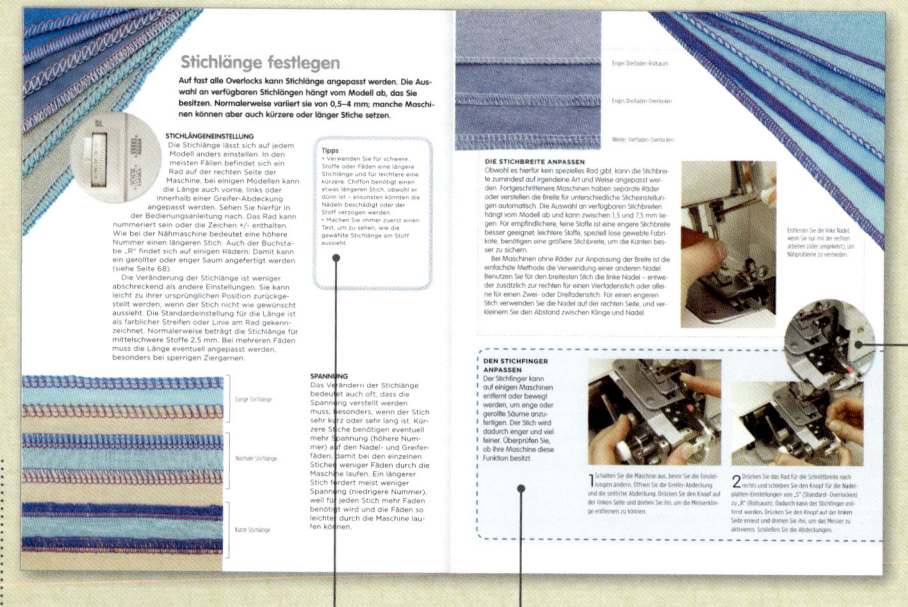

MASSANGABEN
Alle Maßangaben erfolgen metrisch.

Felder mit Tipps und Fehlerdiagnosen schlagen die besten Methoden vor, um Fehler schnell zu beheben.

Schritt-für-Schritt-Anleitungen im Großformat sind leicht nachzuverfolgen.

Vergrößerungen zeigen fertige Nähte und Kanten, um den Stich im Detail zu sehen.

KAPITEL 2
TECHNIKEN SEITEN 44–95

In diesem Abschnitt werden alle wichtigen Techniken für professionelle Overlock-Ergebnisse erläutert. Schritt-für-Schritt-Anleitungen und Bilder sorgen für eine einfache Anwendung und Verständnis.

Ideenvorschläge sind bei vielen Techniken zu finden. Sie zeigen mehrere Optionen für deren Anwendung.

Felder für die Einstellung der Maschine zeigen die notwendigen Anpassungen für die jeweilige Technik.

KAPITEL 3
SCHNELLE NÄHPROJEKTE SEITEN 96–119

Praktische Anwendungen der Overlock zeigen Vorschläge für Nähprojekte, die Sie in kürzester Zeit fertigstellen können. Dieser Teil erlaubt es Ihnen, die neuen Fähigkeiten in die Praxis umzusetzen.

LEITFADEN FÜR STOFFE
Ein Leitfaden für Maschineneinstellungen, die von den verwendeten Stoffen abhängen, findet sich auf Seite 120.

Schritt-für-Schritt-Anleitungen führen Sie durch das Projekt.

Das „SIE BENÖTIGEN"-Feld enthält alle Tools und die notwendige Ausrüstung für das jeweilige Projekt.

Warum ich meine Overlock liebe

Ich muss zugeben, ich war ein wenig eingeschüchtert, als ich meine erste Overlock bekam – so viele Fäden, so viele Einstellungen ... Wo sollte ich beginnen? Zum Glück war es nicht so schwierig, wie ich dachte – ich musste mich nur darauf einlassen.

Bevor ich eine Overlock besaß, verbrachte ich Jahre damit, meine Nähtechniken zu perfektionieren: Kantenbearbeitung mit Zickzack oder einer Zackenschere. Ich war mit den Ergebnissen nie zufrieden; obwohl die Zackenschere die Stoffkante hübsch aussehen ließ, hätte sie ausfransen und das Innere der Kleidungsstücke ruinieren können. Mit der Zickzack-Naht hatte ich ähnliche Probleme und sie sah zusammengestückelt aus. Ich hatte immer das Gefühl, dass meine Kreationen selbst gemacht und unprofessionell aussehen würden.

PERFEKTE NÄHTE

Ich konnte den Unterschied zu einer Overlock anfangs nicht glauben. Kein Ausfransen mehr bei der Nahtzugabe! Ich konnte damit sogar Säume verarbeiten – fantastisch für Stoffe, mit denen das Arbeiten schwierig ist (Seide oder durchsichtiges Gewebe). Ich hatte schon fast aufgegeben, Jerseys oder Maschenstoffen zu verwenden, weil meine Nähte verzogen oder voller verfehlter Stiche waren, aber die Overlock vernähte sie perfekt. Sie hat mein Leben wirklich verändert – oder zumindest die Art, wie ich nähe!

MEINE LIEBE ZUR OVERLOCK TEILEN

Ich wusste, meine Schüler würden das Ergebnis auch lieben: Sie waren oft unzufrieden mit der Kantenbearbeitung ihrer Nahtzugabe und mit dem Endresultat. Daher stellte ich ihnen die Overlock vor, zeigte ihnen einfache Nähte und beendete sie mit der Overlock. Sie staunten, als ich den Stoff unter dem Fuß führte, die ausgefransten Kanten abgeschnitten wurden und die Maschine die Kantenverarbeitung mit Stichen durchführte. Ich ließ die fertige Naht herumgeben und hörte Sätze wie „Wow", „Das ist so einfach", „Ich will eine!" Alle wollten von nun an die Overlock verwenden.

Im Laufe dieses Buches kann ich Sie hoffentlich auch auf diese spannende Reise mitnehmen und Ihnen zeigen, wie die Overlock Ihre Welt verändern kann. Ich hoffe, dass die Overlock zu ihrem neuen besten Freund wird, wenn Sie die einfachen Techniken erlernt haben und dekorative Kanten sowie Nähprojekte im Handumdrehen umsetzen können.

Overlock-Nähte, -Blenden und -Saum verleihen diesem Rock ein professionelles Aussehen.

Verwenden Sie Kontrastfarben für die Kantenbearbeitung innerhalb eines Jeansrockes.

Klassisch genähte Säume - auch bei schweren Stoffen.

Rollsäume sorgen für schöne, saubere Kanten.

Ein schönes Ergebnis bei Rändern mit Rüschchen.

Overlock-Nähte verhindern Ausfransen von Stoffen.

Toll für gekräuselte Kanten (Salatrand) bei Tops und Kleidern.

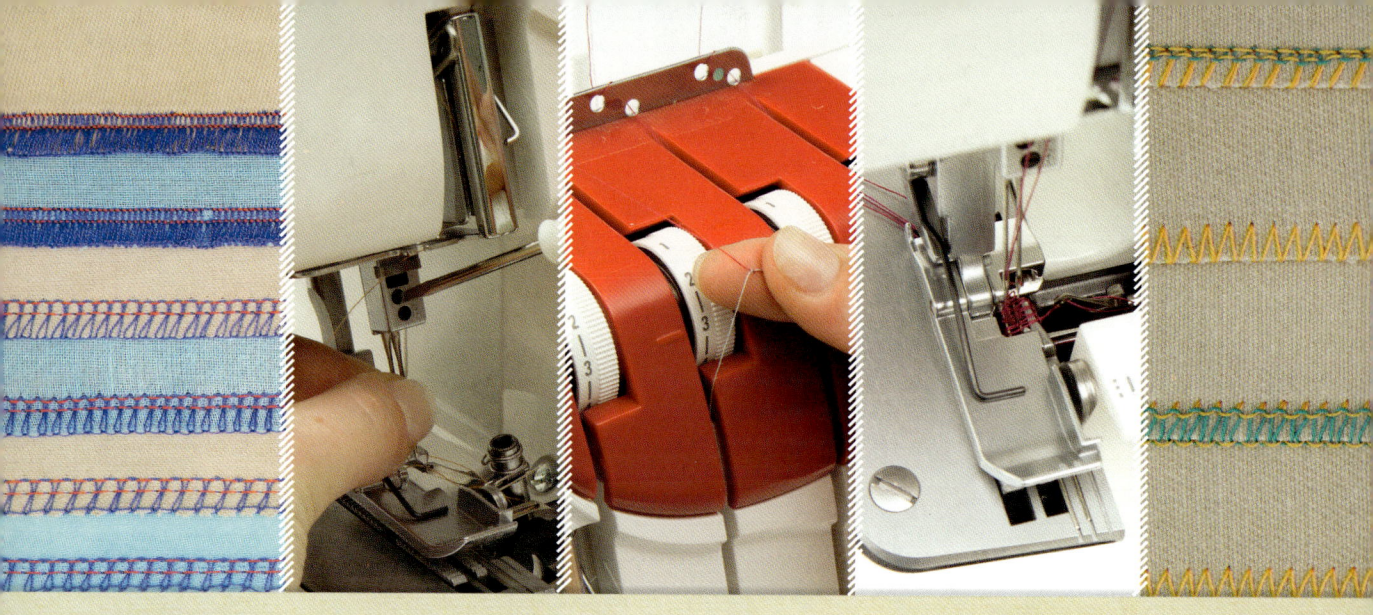

KAPITEL 1
Overlock-Basics

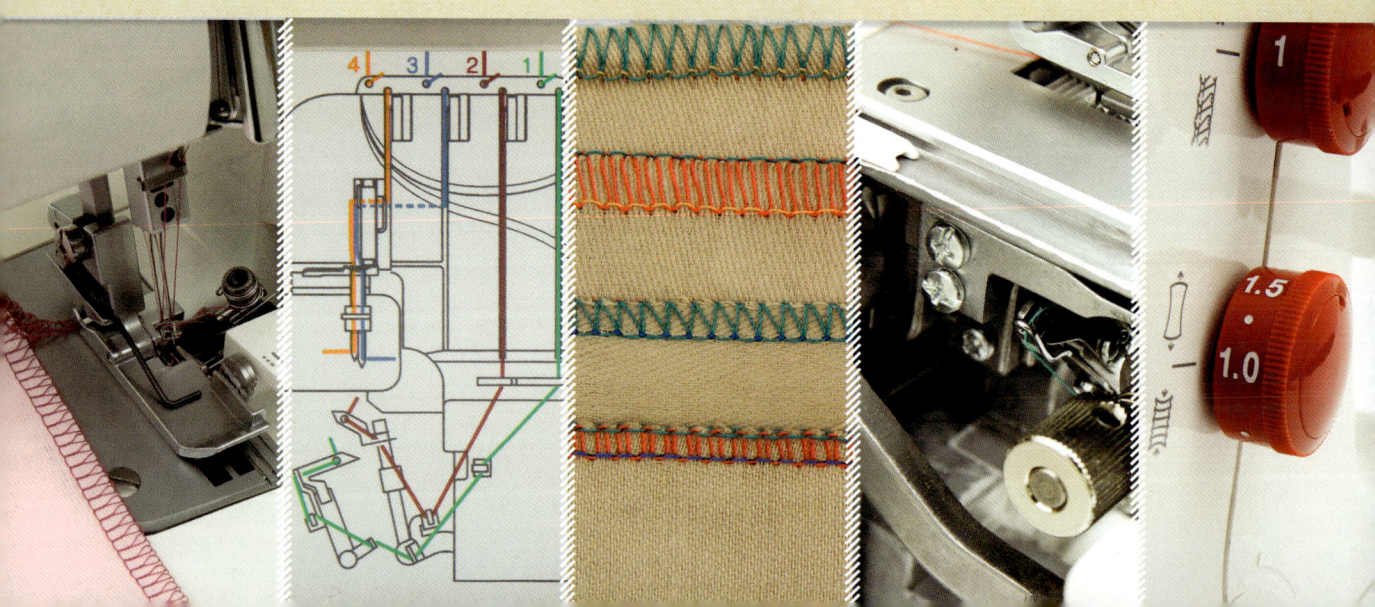

Sie haben also eine Overlock – und nun? Dieses Kapitel führt Sie durch alle Grundlagen, und am Ende werden Sie ihre Overlock mit Selbstvertrauen bedienen können. Wir beginnen damit, alle Komponenten vorzustellen, die Sie bei Ihrer Maschine finden können, und betrachten einige unverzichtbare Tools. Sie erhalten detaillierte Informationen über das Einrichten der Maschine und die ersten Overlock-Stiche, wie man Fehler behebt und Nähprojekte abschließt. Am Ende befindet sich ein Abschnitt, der Sie in die individuellen Einstellungen Ihrer Overlock einführt, und Sie darüber informiert, wann und wie diese zu verwenden sind. So können Sie Ihre Stiche perfektionieren und das Beste aus Ihrer Overlock herausholen.

Aufbau einer Overlock

Alle Overlocks verfügen über dieselben Grundfunktionen und werden gleich oder zumindest ähnlich eingerichtet. Auch wenn Sie nicht das hier gezeigte Modell besitzen, besitzt Ihre Maschine ziemlich sicher dieselben Teile – vermutlich sind sie sogar an denselben Stellen und für dieselben Dinge zuständig.

Unterschiede zwischen den Modellen

Beim Aussehen besteht der Hauptunterschied zwischen den Modellen in der Position der Einstellscheiben für die Wahl der Fadenspannung. Bei einigen Modellen sind sie vorne oben angebracht, während sie bei anderen wie Drehregler funktionieren. Keine Sorge: Sie machen alle dasselbe! Andere Unterschiede an den Merkmalen der meisten klassischen Maschinen sind die Anzahl der Fäden, die diese halten kann – beispielsweise 2-,3-,4- oder 5-fädige Nähte –, und die Auswahl des Differentialtransports sowie die Einstellung von Stichweite und Schnittbreite.

❶ Nadeln

Diese Overlock hat zwei Nadeln, aber Sie können für eine kürzere Stichlänge und feineres Overlocken auch nur mit einer arbeiten. Jede Maschine empfiehlt einen Typ Nadeln für die besten Ergebnisse: Hier werden HA-1 SP Nr. 11 und 14 verwendet. Die Nadel besteht aus einem flachen und einem gebogenen Teil (an der Spitze). Der flache Teil wird hinter dem Nadelhalter positioniert.

❷ Nadelbefestigungsschraube

Befestigen Sie Nadel, indem Sie die Befestigungsschraube mit einem Schraubenzieher anziehen. Dadurch kann sich die Nadel nicht lockern, was die Maschine beschädigen oder zerstören könnte.

❸ Stichplatte

Die Platte hat eine weiche Oberfläche, um den Stoff unter den Nähfuß zu legen. Darin befinden sich ein Loch für die Nadel und die Stoffschieberzähne. Halten Sie die Platte sauber und frei von Öl. Normalerweise gibt es keine Stichregeln für die Stichplatte einer Overlock.

❹ Drückerfuß

Ein klassischer Overlock-Fuß wird mit der Maschine mitgeliefert – hiermit können die meisten Nähtechniken durchgeführt werden. Zusätzliche Füße können als Accessoires zugekauft werden (siehe Seiten 79–95).

❺ Drückerfuß-Hebel

Damit wird der Drückerfuß nach oben oder unten verstellt. Greifen Sie mit der linken Hand um die Außenseite hinter den Drückerfuß. Bei den meisten Techniken kann der Fuß jedoch in der niedrigen Position belassen werden.

❻ Stich-Leitfaden

Dieser befindet sich rechts von der Stichplatte und hilft Ihnen, Ihre Stiche beim Nähen gerade zu setzen. Hier ist er mit „L" und „R" gekennzeichnet, um den Abstand zwischen linken und rechten Nadeln zu zeigen.

❼ Stoffschieber

Sie befinden sich unter dem Drückerfuß. Es gibt zwei Zähne, die mit dem Differentialtransport arbeiten: Ein Zahn schiebt den Stoff unter den Fuß in Richtung Nadel, der andere nimmt ihn hinter der Nadel wieder auf.

❽ Messer

Es schneidet die Stoffkanten und erzeugt saubere Ränder ohne ausgefranste Fäden. Meist gibt es getrennte Ober- und Untermesserklingen. Bei diesem Modell kann das Obermesser in der Position belassen oder durch Absenken entfernt werden. Öffnen Sie dafür die Abdeckung des Greifers und drücken den Einstellknopf für das Obermesser (meist links von der Nadelplatte) hinein. Dadurch wird das Messer nach rechts außen und weg von der Nadelplatte gedrückt. Drehen Sie den Knopf zu sich und senken Sie das Messer ab. Lassen Sie den Knopf los. Das Untermesser hat eine fixe Position, schneidet aber nur in Verbindung mit dem Obermesser. Beide können ausgetauscht werden, wenn sie stumpf sind.

❾ Differentialtransport

Viele Maschinen für Anfänger verfügen über einen Differentialtransport: Er kann eine Zählscheibe oder ein Hebel sein, arbeitet in Verbindung mit dem Transporteur und kann unerwünschtes Kräuseln, Dehnen oder Verziehen von Nähten und Säumen verhindern (aber auch erzeugen). Die Nummern am Differentialtransport zeigen das Verhältnis der Geschwindigkeiten zwischen Vorder- und Hinterzahn. Alle Maschinen verfügen über eine neutrale Position, bei der die Geschwindigkeit gleich ist – in diesem Fall (1.0) heißt die

höhere Nummer, dass der Vorderzahn sich schneller bewegt (das führt zum Kräuseln des Stoffes). Eine niedrigere Nummer auf der Zählscheibe bedeutet, dass sich der Vorderzahn langsamer als der hintere bewegt. Dadurch entsteht eine Dehnung an der Stoffkante.

❿ Garnrollenstifte

Diese Maschine besitzt auf der Rückseite am Garnrollenständer vier dieser Stifte. Andere Maschinen können zwei oder drei oder aber auch bis zu 10 haben! Die Spulen sitzen direkt auf den Stiften oder auf Garnrollenständern, von denen besonders größere Spulen nicht herunterfallen oder beim Nähen herumklappern können.

⓫ Spannungseinstellrad

Beim Einfädeln hat jeder Faden sein eigenes Spannungseinstellrad, um zu kontrollieren, wie straff oder lose er gehalten und durch die Maschine gezogen wird. Die Räder befinden sich vorne oben (eingebaut, wie bei diesem Modell, oder als Knöpfe). Beim normalen Overlocken sind alle Fäden in neutraler Position (hier auf Nummer „3"). Sie können straffer (höhere Nummer) oder loser (niedrigere Nummer) eingestellt werden – je nach Fäden, Stoffen oder gewünschten Nähtechniken.

⓬ Fadenführung

Sie fixiert den Faden, wenn er von der Spule zu einer Nadel oder einem Greifer führt. Beim Einfädeln hat jeder Faden einen vorgegebenen Weg – ansonsten kann es zu falschen Nähten kommen. Achten Sie besonders auf den oberen Greifer, weil die Fadenführungen hier oft fehlen. Das kann frustrierend sein, weil die Stiche nicht korrekt gesetzt werden oder die Fäden reißen. Bei den meisten Modellen sind die Fadenführungen farbkodiert, damit der Fadenweg gut erkennbar ist. Die Maschine muss eventuell in einer bestimmten Reihenfolge eingefädelt werden!

⓭ Stichlänge

Diese kann mit einer Zählscheibe oder einem Hebel angepasst werden. Hier befindet sich die Zählscheibe auf der rechten Seite. Für die meisten mittelschweren Stoffe sollte die Stichlänge auf 2,5 eingestellt werden. Bei schwereren Stoffen kann

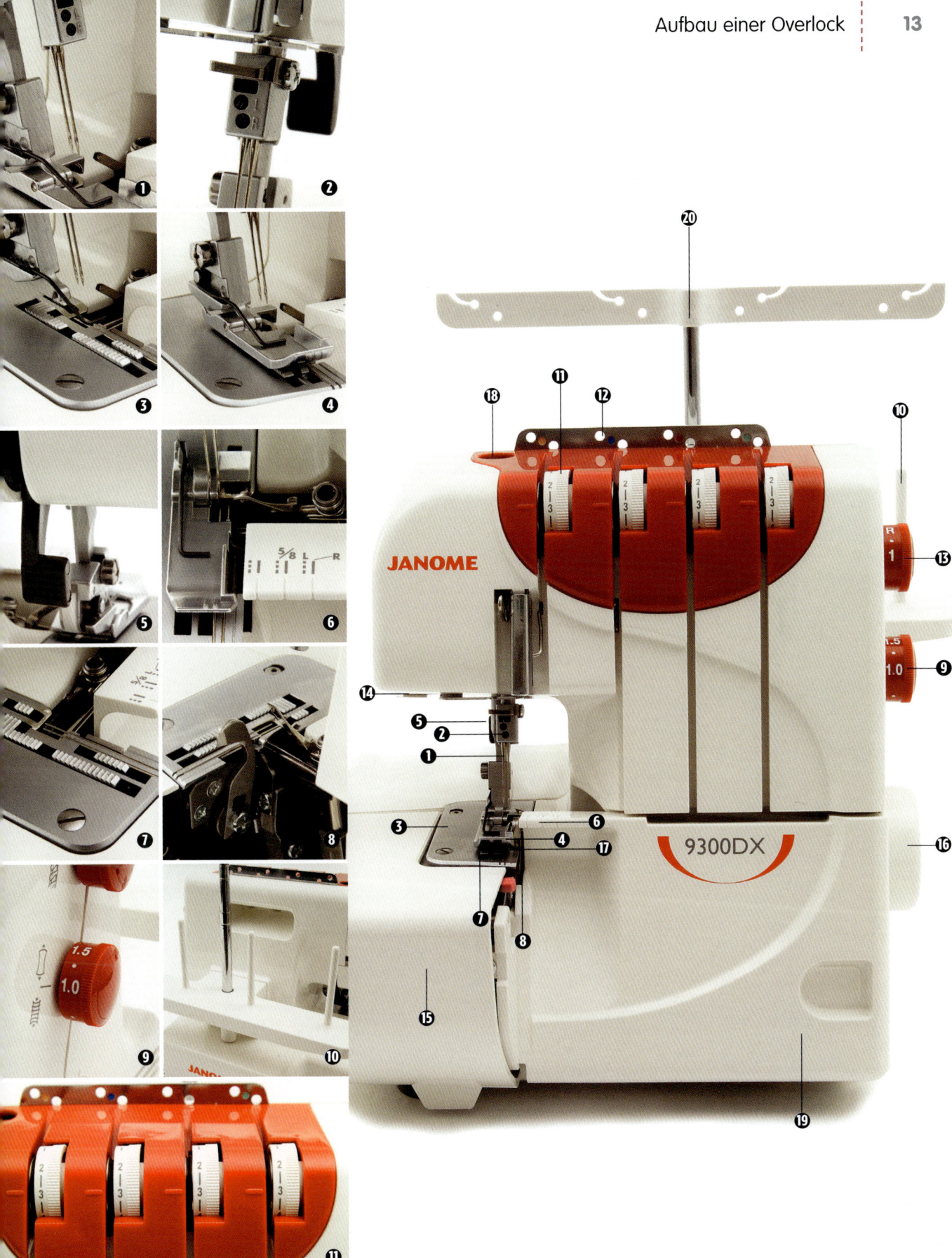

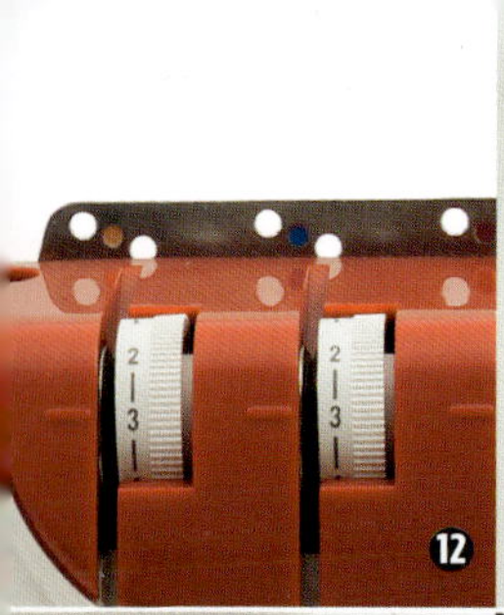

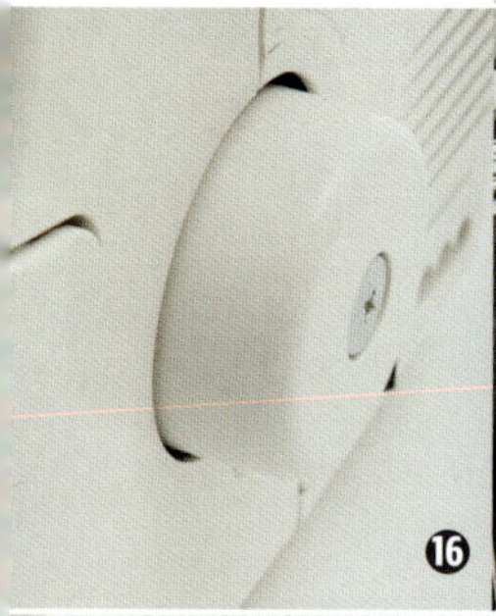

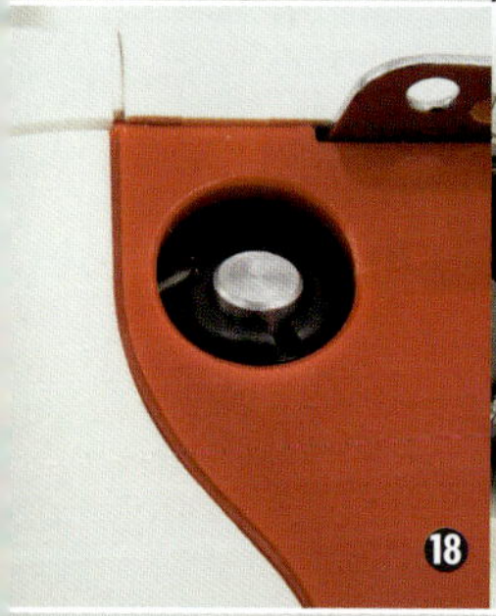

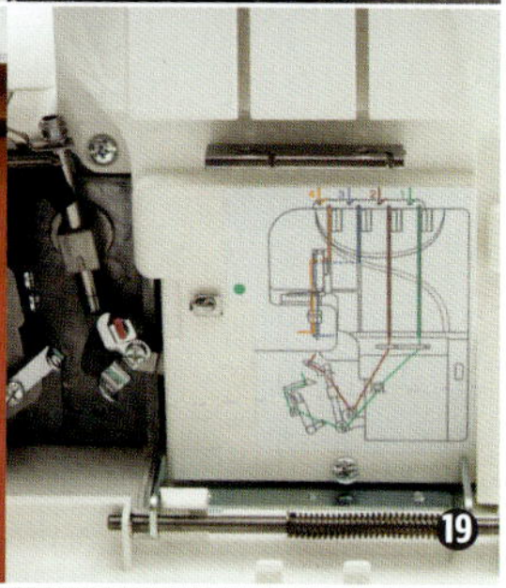

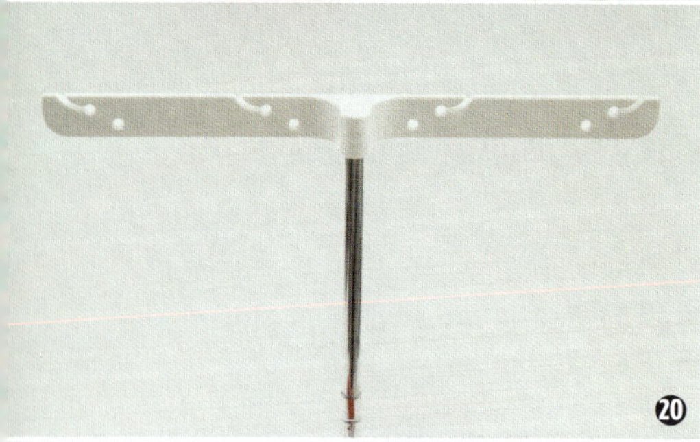

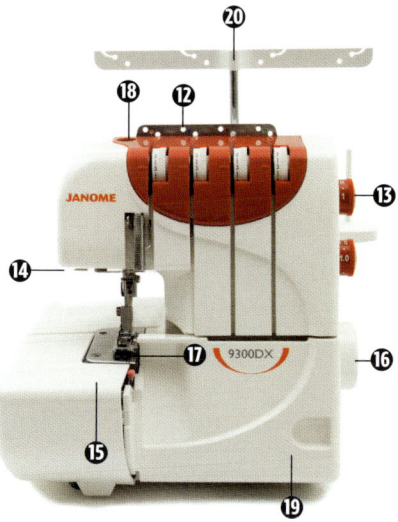

sehen, wenn ohne Stoffe overlockt wird. Für engere Stiche oder Rollsäume kann der Stichfinger normalerweise gelöst und entfernt werden.

18 Anpassen des Fußdruckes

Auf einigen Maschinen kann der Druck verstellt werden, den der Fuß auf die Stoffe ausübt. Für die meisten Stoffe ist dies jedoch nicht notwendig. Bei schwereren Fabrikaten wird eventuell weniger Druck benötigt, bei leichteren Stoffen möglicherweise mehr.

19 Abdeckung des Greifers

Die Abdeckung muss geöffnet werden, um die Maschine einzufädeln. Viele Modelle enthalten eine farbkodierte Anleitung zum Einfädeln. Wenn Sie sich an diese halten, benötigen Sie weder Ihre Bedienungsanleitung noch zusätzliche Hilfe. Stellen Sie sicher, dass das Innere der Abdeckung sauber und flusenfrei ist, da dies die Spannung der Greiferfäden beeinflussen kann. Einige Maschinen verfügen über eine Sicherheitsfunktion, die bewirkt, dass die Maschine nicht arbeitet, wenn die Abdeckung des Greifers geöffnet ist.

20 Fadenführungsbügel

Dieser hält die Fäden entwirrt, während sie von der Spule zu den Nadeln oder Greifern verlaufen. Der Bügel kann erweitert werden und sollte in die höchste Position gebracht werden, damit die Fäden gleichmäßig verlaufen.

21 Fußpedal

Alle Maschinen enthalten ein Fußpedal. Je härter Sie darauf drücken, desto schneller arbeitet die Maschine. Bei manchen Pedalen kann die Geschwindigkeit auf „hoch" oder „niedrig" verstellt werden, um – je nach Geschmack – schneller oder langsamer zu nähen.

sie vergrößert werden (höhere Nummer), während sie für feine Materialien durch eine niedrigere Nummer verkleinert werden kann.

14 Fadenabschneider

Er befindet sich auf der linken Seite der Maschine und ermöglicht schnelles und einfaches Abschneiden der Fäden, ohne zur Schere greifen zu müssen. Wenn der Abschneider nicht auf der linken Seite ist, sehen Sie hinter der Nadel oder auf dem Drückerfuß-Hebel nach. Lassen Sie ein längeres Stück des Fadens übrig, damit Sie die Maschine nicht erneut einfädeln müssen. Halten Sie den Abschneider frei von losen Fäden – dadurch könnte er stumpf werden.

15 Verstellbare Schnittbreite

Ändern Sie die Schnittbreite auf Ihrer Maschine, indem Sie die Obermesserklinge von der Nadelplatte weg oder zu ihr hin bewegen. Dadurch können Probleme beim Nähen vermieden werden (etwa, wenn sich an der Stoffkante Schlaufen formen). Bei diesem Modell müssen Sie ein weißes Rad in die linke Abdeckung drehen, um die Schnittbreite zu verstellen. Das Rad kann ebenso außen an der Maschine angebracht sein.

16 Handrad

Das Handrad befindet sich auf der rechten Seite der Maschine. Es kann gedreht werden, um die Position der Nadeln und der Greifer zu ändern, wenn die Nadel getauscht oder die Maschine eingefädelt wird. Faustregel: Das Handrad muss immer in Ihre Richtung schauen.

17 Stichfinger

Dieser befindet sich auf der Nadelplatte. Der overlockte Stich wird um den Stichfinger gesetzt und am Ende des Fingers weggeschoben. Das ist deutlicher zu

ZUSÄTZLICHE AUSSTATTUNG VON MITTEL- BIS HOCHKLASSIGEN OVERLOCKS

Mittel- bis hochklassige Maschinen verfügen zusätzlich zu den bereits aufgelisteten Funktionen oft noch über weitere Einrichtungen.

❶ Automatische Spannungseinstellung

Mit dieser wird die Spannung (bei Maschinen, die unterschiedliche Stiche erlauben) je nach Nähprogramm automatisch eingestellt. Sie müssen für schöne Ergebnisse daher nicht am Spannungseinstellrad herumbasteln.

❷ Deck- und Kettenstich-Einstellungen

Teurere Maschinen erlauben es, mit einem Deck- oder Kettenstich zu arbeiten. Dafür müssen die Einstellungen verändert und die Nadeln und die Nadelplatte oder die Greifer-Abdeckung bewegt werden. Wenn Sie diese Stiche öfters benötigen, können Sie auch eine zweite Maschine kaufen, die nur mit Deck- und Kettenstichen näht.

❸ Einrichtung zur Lösung der Spannung

Diese findet sich häufiger bei Maschinen mit Deck- und Kettenstich-Einstellungen. Wenn Sie mit dem Nähen fertig sind, sollten Sie keine Deck- und Kettenstiche ohne Stoff unter dem Fuß durchführen. Hören Sie mit dem Nähen auf und drücken Sie die Taste zur Lösung der Spannung. Der Stoff kann dann von der Maschine entfernt und die Fäden können abgeschnitten werden.

❹ Zusätzliche Garnrollenstifte

Klassische Overlocks arbeiten mit zwei, drei oder vier Spulen. Hochklassige Maschinen liefern eine größere Auswahl an Stichlängen, -weiten und -typen und arbeiten mit bis zu zehn Spulen.

Abfallbehälter

Ihre Overlock enthält vielleicht auch diesen nützlichen Eimer. Er fängt alle Faden- und Stoffreste auf, die das Messer abschneidet, was nach dem Nähen viel Zeit für die Reinigung erspart. Einige Marken verkaufen separate Abfalleimer, die unter die Vorderbeine der Maschine passen, aber eine Plastiktüte reicht dafür genauso aus.

Freiarm

Manchmal ist der Platz zum Nähen etwas beengt, besonders, wenn Sie Armelsäume von Kinderkleidung vernähen. Einige Modelle bieten einen Freiarm: Ein Teil der Vorderseite der Maschine kann entfernt werden, um kleine, schlauchförmige Stoffe zu nähen.

Zusätzliche Höhe des Drückerfußes

Beim Nähen von dickeren Stoffen ist es oft notwendig, den Drückerfuß mehr zu erhöhen als möglich. Fortgeschrittenere Maschinen bieten diese zusätzliche Höhe, um mehrere Stoffschichten unter den Fuß legen zu können oder um schwere Stoffe (wie Jeansstoffe oder Tweed) nähen zu können.

Sicherheits-Nähstopper

Auf hochklassigen Maschinen wird die Stromversorgung unterbrochen, wenn der Drückerfuß angehoben wird oder die Abdeckung offen ist. Das bedeutet, dass die Maschine nicht näht, bis die Abdeckung geschlossen und der Drückerfuß abgesenkt sind.

Einfaches Einfädelsystem

Teurere Modelle bieten ein selbst-einfädelndes System oder eines, das mit Luftströmung arbeitet. Dies ist zwar eine tolle Alternative, aber sie hat ihren Preis. Es ist daher vernünftiger, die Maschine selbst einfädeln zu können, um nicht enorm viel Geld ausgeben zu müssen.

Eingebauter Speicher

Einige Standard-Overlocks ermöglichen es, nützliche Tools in einem Ablagefach innerhalb der Maschine zu lagern. Andere Modelle enthalten eine Box für Accesoires oder werden mit zusätzlichen Extras in einer Aufbewahrungstasche verkauft.

Hochklappbarer Nadelhalter

Nadeln einer Overlock sind schwieriger auszutauschen als die einer normalen Maschine, weil sie enger beieinander liegen. Einige Overlock-Modelle enthalten einen aufklappbaren Nadelhalter, der es ermöglicht, die Nadeln zu Ihnen zu neigen, um sie leichter auszutauschen oder ihre Position zu verändern.

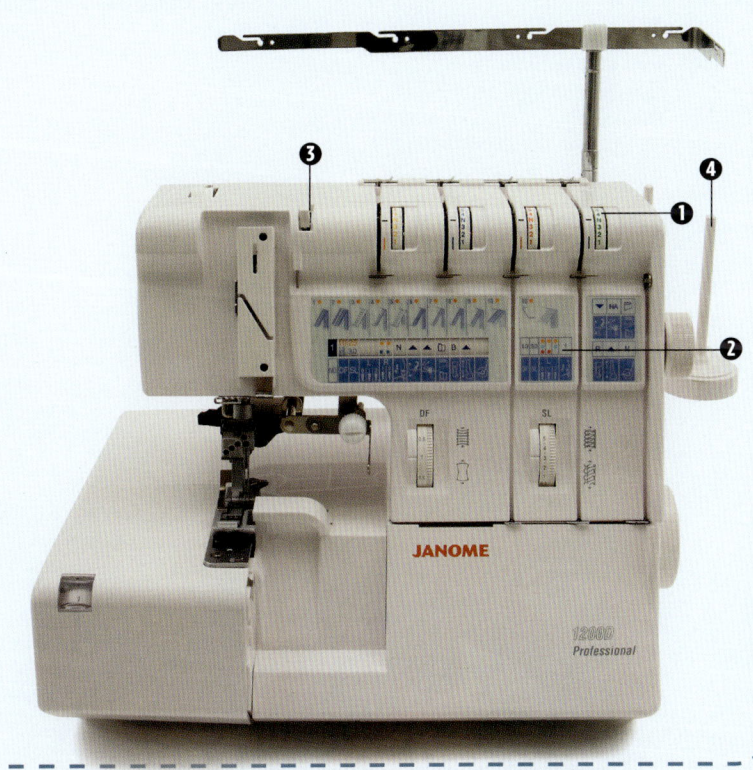

Must-have-Tools

Beim Nähen sollten Sie gewisse Tools immer bei der Hand haben. Diese Liste enthält die wichtigsten Dinge, die Sie für Ihre Nähprojekte benötigen.

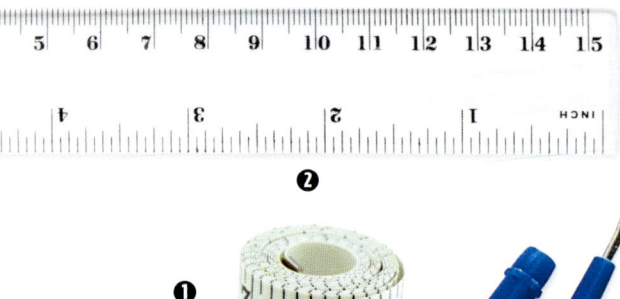

Basistools für Anfänger

Die große Auswahl an Tools kann beängstigend wirken, aber nicht alles muss gleich zu Beginn gekauft werden. Starten Sie mit diesem Set für Anfänger.

• Fadenschneider oder kleine Schere
• Maßband
• Stoffschere
• Schnelles Auftrennwerkzeug
• Schneiderkreide
• Pinzette
• Schraubenzieher
• Fusselbürste

MESSWERKZEUGE

❶ Maßband Die Skala des Maßbandes sollte aus Zentimetern und Inches bestehen, da manche Anleitungen nur die eine oder die andere Einheit enthalten. Die Standardlänge beträgt 150 cm. Maßbänder können sich mit der Zeit ausdehnen, daher sollten sie bei Bedarf ersetzt werden.

❷ Lineal Ein stabiles Metall- oder Plastiklineal mit Zentimetern und Inches ist beim Zeichnen von Mustern oder dem Anzeichnen von Stoffen unbezahlbar. Lineale für Schnittmuster oder zum Flicken eignen sich gut für Nähprojekte, weil sie länger und breiter sind und als Gewicht verwendet werden können, um den Stoff flach zu halten und ein Abrutschen beim Anzeichnen zu verhindern.

SCHEREN UND SCHNEIDWERKZEUGE

❸ Stoffschere Scheren gibt es in einer großen Auswahl an Gewichten und Größen und in jeder Preisklasse – von schweren Industriescheren bis zu günstigeren, leichten Schneiderscheren. Modelle mit gepolsterten Löchern ermöglichen ein angenehmes Schneiden. Kennzeichnen Sie sie mit „Nur für Stoffe", da sie, als Haushaltsschere verwendet, schnell abstumpft. Sie sollten für alle Dinge, die

nicht aus Stoff bestehen, eine andere Schere verwenden.

❹ Fadenschneider oder kleine Schere Eine kleinere Schere ist nützlich, um Fäden abzuschneiden, wenn das Nähprojekt beendet ist. Sie kann auch beim (erneuten) Einfädeln der Maschine verwendet werden, um ausgefranste Fadenenden abzuschneiden, da saubere, scharfe Enden leichter durch die Nadeln oder Greifer gefädelt werden können.

❺ Zickzackschere Diese Schere mit Zick-Zack-Rändern eignet sich toll für das Ausschneiden von Teilen, die nicht ausfransen sollen. Sie kann aber auch für den Abschluss der Nahtzugaben benutzt werden – besonders bei kurzen Nähten oder bei Bereichen, wo das Nähen schwierig ist. Zickzackscheren bewahren nicht alle Stoffe vor dem Ausfransen, aber bewähren sich bei Baumwolle oder Baumwollmischungen.

❻ Schnelles Auftrennwerkzeug Dieses Werkzeug wird von Anfängern am häufigsten benutzt. Es ähnelt einer zweizackigen Gabel mit einer gebogenen Klinge (zum Schneiden) zwischen den Zacken. Es ist es meist in zwei Größen erhältlich – das

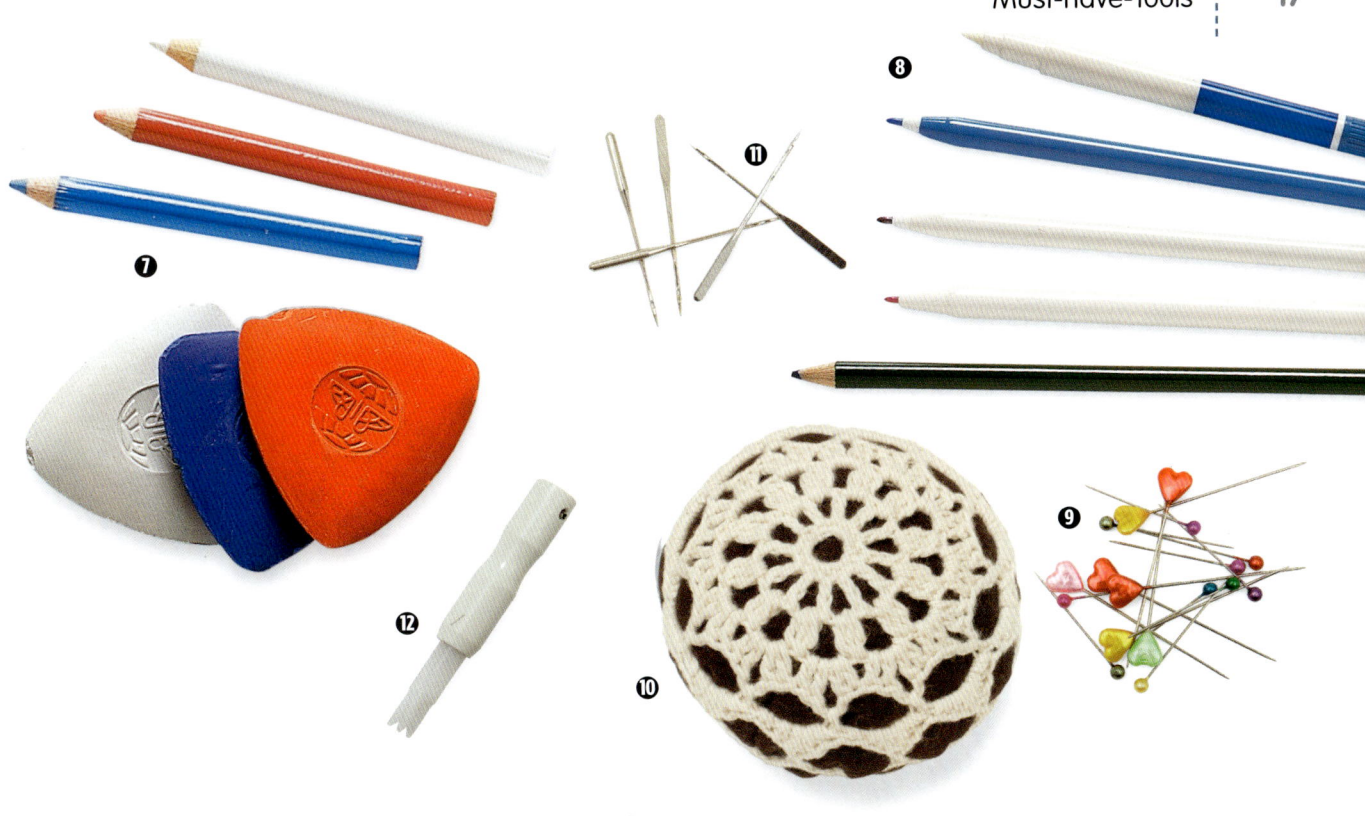

kleinere Modell eignet sich besser für präzisere Schnitte und verhindert unerwünschte Löcher in Stoffen.

TOOLS FÜR MARKIERUNGEN

❼ Schneiderkreide Diese wird in Form von leicht spitzbaren Stiften oder Kreideblöcken in vielen Farben angeboten – Sie werden also leicht eine finden, die sich für den gewählten Stoff eignet. Sie ist für das Anzeichnen von Stoffen gut geeignet und kann heruntergebürstet oder abgewaschen werden. Manche Stoffe oder Bereiche lassen sich schwer anzeichnen, besonders Jeansstoffe. Bügeln Sie die Markierungen nicht; dadurch gelangt die Kreide in den Stoff und lässt sich oft nicht mehr entfernen!

❽ Sich auflösender Marker Zeichnen Sie Ihre Stoffe damit an – keine Sorge, mit der Zeit wäscht er sich aus oder verblasst. Dieser Stift erlaubt ein genaueres Anzeichnen als Kreide, aber manche Modelle verblassen beinahe sofort – verwenden Sie sie daher erst kurz bevor Sie mit dem Stoff arbeiten.

❾ Stecknadeln Verwenden Sie Stecknadeln, um Bereiche des Stoffes zu markieren und um Stoffe zusammenzuhalten.

Stecknadeln gibt es in unterschiedlichen Breiten, Längen und Formen; wählen Sie daher die richtige Art für Ihre Stoffe aus. Längere Stecknadeln mit Glas- oder Kunststoffköpfen eignen sich gut, um Muster auf Stoffen festzustecken – und zu Boden gefallene Nadeln sind leicht zu finden. Einige Stoffe können durch dickere Nadeln beschädigt werden, also sollten sich die Stecknadeln innerhalb der Nahtzugabe, an der Kante, befinden (1,5 cm). So sind mögliche Schäden auf einem fertigen Kleidungsstück nicht erkennbar. Halten Sie Stecknadeln von der Overlock-Klinge fern, da sie diese beim Overlocken abstumpfen.

❿ Nadelkissen Bewahren Sie die Stecknadeln in einem Nadelkissen auf. Es gibt auch magnetische Ablagen für Stecknadeln, mit denen zu Boden gefallene Nadeln schnell aufgesammelt werden können.

NADELN UND EINFÄDLER

⓫ Overlock-Nadeln Diese Nadeln eignen sich für viele verschiedene Stoffe (auch Jersey und Strickwaren) und entfernen Fehlstiche beim Nähen. Standard-Nähnadeln eignen sich zwar für manche Modelle, Sie sollten dennoch den für die Maschine empfohlenen Nadeltyp benutzen: Denn unpassende Nadeln führen zu Problemen

wie ungeraden Stichen oder Schäden an den Greifern. Wenn Sie Ihre Bedienungsanleitung verlieren, verwenden Sie die Nadeln, die sich gerade in der Maschine befinden. Nadeln sollten regelmäßig getauscht werden – nicht erst, wenn sie abbrechen. Sie werden mit der Zeit stumpf und leiern beim Nähen von Kleidung wie Polyester oder Plüsch mehr aus.

⓬ Einfädler Ein nützliches Tool beim Einfädeln von Nadeln. Es handelt sich meist um eine kleine, verzinnte Platte mit einem Dreieck aus Metalldraht. Drücken Sie die Metallschleife von vorne nach hinten durch das Nadelöhr, wenn Sie die Overlock verwenden. Dann setzen Sie den Faden mithilfe der Metallschlinge ein und ziehen Sie sie durch die Nadel zurück. Ihre Maschine enthält eventuell andere Einfädler, die von vorne nach hinten durch die Nadel der Maschine eingesetzt werden können.

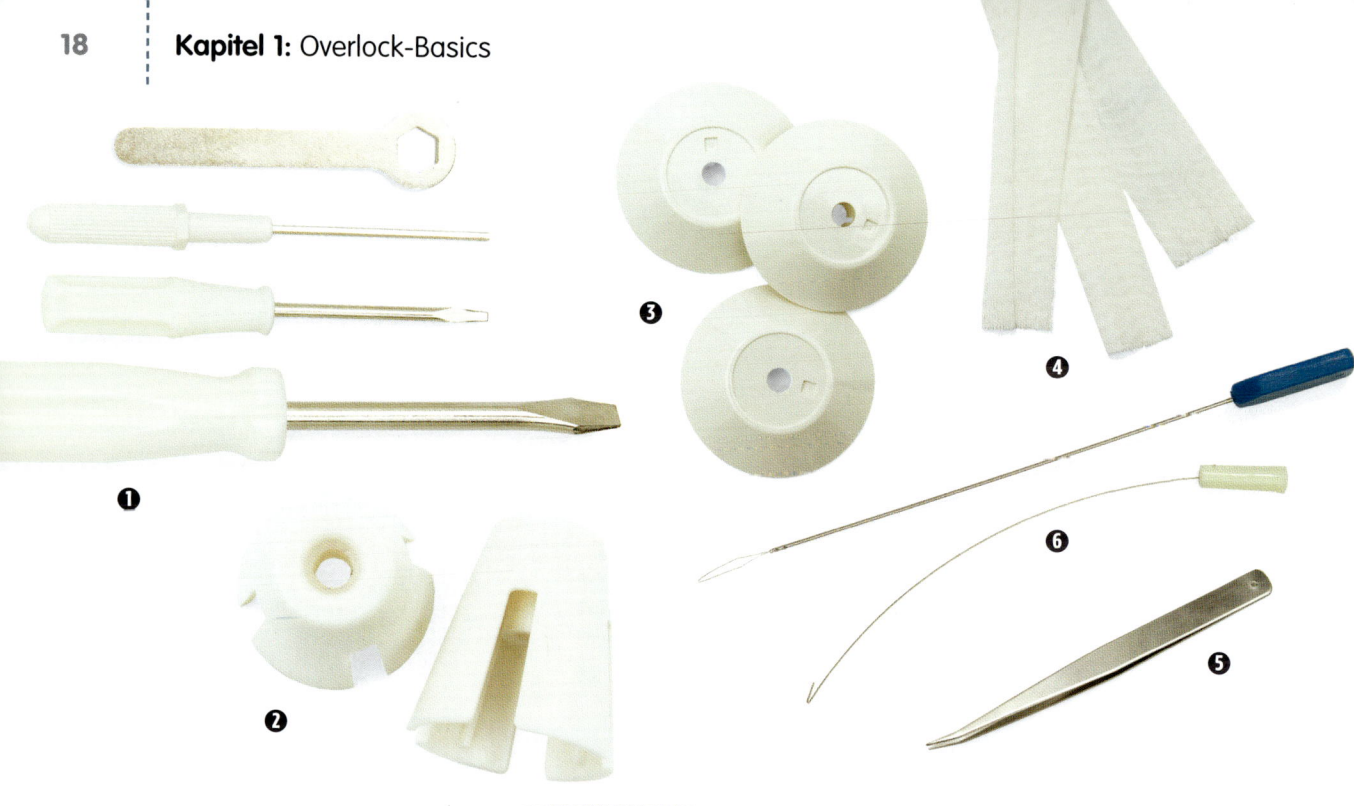

OVERLOCK-TOOLS

❶ Schraubenzieher Ihre Overlock sollte ein Schraubenzieher-Set enthalten. Sie benötigen dieses vielleicht nicht sofort, aber sollten es für die Zukunft aufbewahren – denn diese Tools sind für das Lösen und Festigen von Nadelklemmschrauben (beim Austauschen von Nadeln) essentiell. Einige Maschinen enthalten auch einen speziellen Schrauben- oder Inbusschlüssel. Manchmal werden Schrauben durch das Vibrieren der Maschine locker. Stellen Sie immer sicher, dass die Stopper unter der Maschine fest und die Schrauben auf der Nadelplatte befestigt sind.

❷ Garnrollenständer und -adapter Diese Tools eignen sich gut, damit größere Fadenkonen nicht herumklappern können. Wenn Sie für Ihre Maschine nicht passen und das Klappern kein Ende nimmt, setzen Sie die Garnrollenständer verkehrt herum auf die Garnrollenstifte. Die Ständer können bei kleineren Spulen entfernt werden.

❸ Garnrollenführungsscheibe Verwenden Sie sie, damit sich kleinere Fadenspulen nicht zu sehr bewegen. Auch der Faden kann damit leicht entwirrt werden. Die meisten Scheiben sind breiter als die Spule und daher toll für parallel-gewickelte Spulen mit Kerben. Achtung: Diese Kerben werden verwendet, um den Faden zu

sichern, wenn die Spule nicht benutzt wird, doch der Faden kann sich darin verfangen und beim Overlocken reißen.

❹ Spulennetze Ein tolles Accessoire für Ziergarne (wie Seide). Platzieren Sie das Netz über der Spule, um unnötiges Abwickeln oder Verwickeln des Fadens zu verhindern. Wenn das Netz länger als die Spule ist, falten Sie es um, damit die Fäden nicht am Ende des Netzes hängenbleiben. Die Netze können auch verwendet werden, wenn der Faden nicht benutzt wird – er kann so aufbewahrt werden, ohne sich zu verwickeln.

❺ Pinzette Ein Must-have für das Einfädeln von Untergreifen und schwer zu erreichenden Fadenführungen. Die meisten Overlocks enthalten eine Pinzette – bewahren Sie sie gut auf.

❻ Greifer-Einfädler Dieser sieht ähnlich aus wie ein Nadel-Einfädler und besitzt einen kleinen Metallhaken an einem Ende. Verwenden Sie ihn wie den Nadel-Einfädler (die Metallschlinge von vorne nach hinten durch den Greifer schieben, den Faden durch die Schlinge ziehen und dann durch den Greifer). Dieses Tool ist ideal, wenn Wolle oder dickere Fäden durch die Ober- und Untergreifer eingefädelt werden müssen. Sie können ihren Einfädler mithilfe

eines knallbunten Fadens selbst herstellen – falten Sie ihn einmal und drehen Sie die Enden zusammen. Drücken Sie diese Enden durch den Greifer und lassen Sie den Faden heraushängen. Führen Sie den Overlock-Faden mit dem knallbunten Faden ein und ziehen Sie an den Enden, um den Overlock-Faden durch den Greifer zu schieben.

❼ Durchziehnadel Diese Nadel hat ein großes Öhr und wird manchmal als Handstricknadel (aus Plastik oder Metall, mit einer stumpfen Spitze) für Kinder verkauft. Sie eignet sich gut, um die overlockten Enden zu bearbeiten. Schieben Sie die Enden durch das Nadelöhr und drücken Sie die Spitze der Nadel durch einen kurzen, genähten Bereich des Stoffes. Ziehen Sie sie durch und schneiden Sie Fäden ab, die nun nicht vom Stoff umhüllt werden.

❽ Wendehilfe Sie wird so verwendet wie die Durchziehnadel und normalerweise benutzt, um Nähereien oder Säume auf die rechte Seite zu drehen, wenn Schleifen oder dünne Streifen für Kleider, Taschen oder Haushaltsartikel entstehen sollen.

Naht-Dichtmasse (nicht abgebildet) Es gibt von diesen Tools eine große Auswahl und sie eignen sich gut, um das Ausfransen von Säumen das Auftrennen

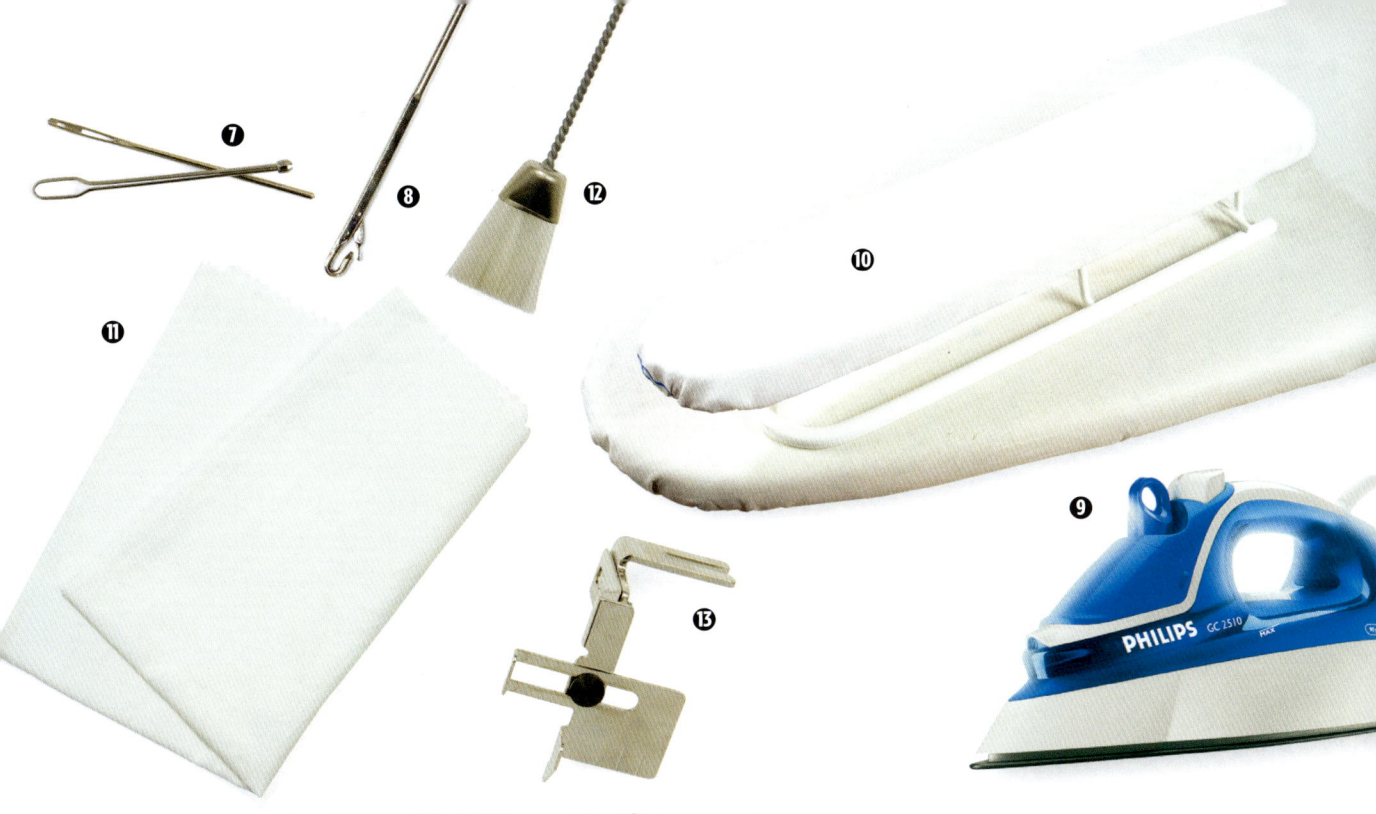

Overlock-Ketten zu verhindern. Verwenden Sie sie sparsam: Manchmal entsteht ein harter Klumpen, der für einige Projekte unerwünscht ist.

BÜGEL-AUSRÜSTUNG

❾ Bügeleisen und -brett Ein gutes Dampfbügeleisen ist ein wichtiges Tool, um Säume auf Kleidung und andere Stoffe aufzubügeln. Das Bügeln von Säumen sorgt dafür, dass sie vor dem erneuten Nähen flach liegen, und bettet Stiche in Stoffe ein, damit die Naht flacher ist. Passen Sie bei der Einstellung der Hitze auf, halten Sie ihr Bügeleisen und das Brett sauber und frei von angebrannten Flecken. Verwenden Sie eine zusätzliche Stoffabdeckung für das Brett, um es länger sauber zu halten.

❿ Ärmelbrett Es ist optimal, um Säume von Schleifen oder Hosenbeinen aufzubügeln – aber auch, um kleine Dinge zu bügeln, wenn Sie Ihr größeres Bügelbrett nicht herausholen möchten.

⓫ Bügeltuch Ein Bügeltuch sollten Sie beim Bügeln zur Hand haben – es ist ideal für zarte Stoffe und Ziergarne. Ein feuchtes Bügeltuch ist für bestimmte Einlagen ebenso gut geeignet.

REINIGUNGSWERKZEUGE

⓬ Flusenbürste Beim Kauf einer Overlock erhält man diese oft als Zubehör. Sie ist wichtig, um die Maschine frei von Flusen, Staub und Fusseln zu halten, weil sie dadurch verstopfen kann und Probleme beim Nähen entstehen. Wenn Ihre Maschine keine Flusenbürste enthält, verwenden Sie einen Pinsel (je größer der Kopf, desto schneller wird der Staub entfernt).

⓭ Staubsauger (nicht gezeigt) Ein Staubsauger mit einem Bürstenaufsatz oder einer Fugendüse kann beim Reinigen der Maschine auch schwer erreichbare Bereiche säubern. Handstaubsauger sind dafür ideal, weil sie meist kleine Düsen enthalten – kleinere Zubehörteile können aber auch zugekauft werden und sind mit vielen Modellen kompatibel. Verwenden Sie nach dem Saugen ein Wattepad, um übrige Flusen oder Staub zu entfernen.

ZUSÄTZLICHE EXTRAS

„Bob n Serge"-Halterung (nicht abgebildet) Wenn Ihnen Fäden in den passenden Faden ausgehen, wickeln Sie Fäden auf die Garnspulen der Maschine. Einige Spulen passen auf die Garnrollenstifte der Overlock, andere wiederum nicht. Dieses Hilfsmittel passt jedoch gut und kann sogar bis zu sechs Garnspulen halten.

Garnumspuler (nicht gezeigt) Verwenden Sie dieses Hilfsmittel, um Fäden auf Garnspulen aufzuwickeln, ohne sie aus der Nähmaschine entfernen zu müssen.

Fadensammler (nicht abgebildet) Eignet sich gut, wenn Ihre Overlock keinen Abfallbehälter enthält. Der Fänger passt für die meisten Maschinen und wird unter den Vorderbeinen der Overlock eingehakt.

Tragbarer Garnrollenständer (nicht gezeigt) Einige größere Spulen passen vielleicht nicht auf die Overlock, ohne der Spule daneben in die Quere zu kommen. Verwenden Sie einen tragbaren Garnrollenständer, um sicherzustellen, dass der Faden gleichmäßig zugeführt wird und entwirrt ist. Der Ständer eignet sich auch gut, wenn Sie größere Garnrollen auf der Nähmaschine verwenden wollen.

Stoffführer Dieses Accessoire kann auf der Overlock angebracht werden und hält den Saum beim Nähen gerade.

Standardfäden

Overlockfäden

80er Nylonfäden

Nylonfäden (monofil)

Metallfäden

Seidenfäden

Rayonfäden

Baumwollfäden

Absteppfäden

Häkelgarne

Schleifen

Fäden

Eine Overlock benötigt mehr Faden als eine normale Nähmaschine, besonders für die Greifer. Sie werden dadurch vielleicht verführt, die günstigsten Fäden zu kaufen – diese können jedoch abreißen und es kann zu Flusen kommen. Auf diesen Seiten befindet sich eine Übersicht über die verschiedenen Fäden für die Overlock.

Standardfäden

Sie eignen sich gut für die Nähmaschine und die Overlock und können in vielen Größen und Farben gekauft werden. Oft sind diese günstig im Supermarkt zu finden, doch Sie sollten auf teurere zurückgreifen. Fäden sollten zu 100 Prozent aus Polyester, Polyester mit Baumwolle oder nur Baumwolle bestehen. Solche Fäden eignen sich für jedes Nähprojekt, weil sie stark und langlebig sind.

Overlockfäden

Sie sind etwas feiner als Standardfäden und können als Kreuzwickelspulen in vielen Farben gekauft werden. Overlockfäden verringern die Sperrigkeit der Säume. Sie sind weicher als Standardfäden und besser für schnelle Bewegungen durch Fadenführungen geeignet.

80er-Nylonfäden

Diese Fäden, auch als wolliges Nylon bekannt, sind weich, aber stark und beständig. Sie eignen sich gut für die Stoff- oder Saumkanten und können gedehnt werden. Der Faden kann sowohl in Nadel als auch im Greifer verwendet werden, aber wegen seiner flauschigen Struktur kann es zu Problemen bei der Stoffführung durch Fadenführungen und Nadeln kommen. Fädeln Sie ihn für eine leichtere Verwendung nur durch die Greifer ein. Er eignet sich gut auf Stretch-Stoffen sowie für Unterwäsche und Badekleidung und kann auch als Ziergarn für Krausen oder andere Nähprojekte benutzt werden. Passen Sie beim Bügeln des Fadens auf – er schmilzt, wenn das Bügeleisen zu heiß ist.

Wolliges Polyester

Es ist für viele Projekte nützlich, um die Stoff- und Saumkanten gut abzudecken. Die Fäden sind nicht so kraus wie wolliges Nylon und auch leichter einzufädeln. Polyester kann ebenso höheren Temperaturen standhalten und verbleicht nicht im Laufe der Zeit oder wird brüchig.

Nylonfäden (monofil)

Durchsichtige, fast unsichtbare Fäden, die farblich zu jedem Projekt passen. Sie werden in rauchigen oder natürlichen Farben und verschiedenen Gewichten angeboten (sowohl sehr fein als auch so dick wie eine Angelschnur). Der feinste Faden eignet sich besser für die meisten Projekte. Passen Sie beim Bügeln des Fadens auf; er schmilzt dabei. Nylon tendiert auch dazu, mit der Zeit brüchig oder gelb zu werden. Vermeiden Sie dieses Problem, indem Sie stattdessen Polyester verwenden.

Polyester (monofil)

Dieser durchsichtige, fast unsichtbare Faden ist hitzebeständig, bleicht nicht aus oder wird brüchig. Er kann in rauchigen oder natürlichen Farben gekauft werden und eignet sich deshalb farblich für jedes Projekt. Der Faden ist weich und biegsam und nach dem Nähen flach.

Metallfäden

Sie eignen sich gut für dekorative Zwecke und existieren in vielen unterschiedlichen Breiten. Sie können dicker als Standardfäden sein und zu Schwierigkeiten beim Einfädeln durch die Nadelöhre führen – und ein kontinuierlicher Fluss des Fadens durch die Nadel wird erschwert. Verwenden Sie den Faden für die Nadeln, wenn er passt – ansonsten nutzen Sie ihn nur für die Greifer (um Saumkanten zu verschönern).

Seidenfäden

Diese Fäden verleihen Projekten Glanz und Schimmer. Sie sind teuer – benutzen Sie sie daher nur für die Greifer oder als Nadelfäden. Einige Polyester- oder Rayonfäden sind eine gute Alternative zu Seide, weil sie ähnlich aussehen. Seide sollte wegen seiner Schlüpfrigkeit mit einem Spulennetz verwendet werden.

Rayonfäden

Sie sind auch bekannt als Viskosefaser oder Kunstseide, besitzen einen schönen Glanz und können als Ziergarn verwendet werden. Bei der Benutzung mit Nadeln tendieren sie dazu, abzureißen, weil sie nicht so stark wie andere Fäden sind. Dickere Fäden sollten nur in den Greifern verwendet werden.

Baumwollfäden

Schwere Baumwollfäden können einen seidigen Glanz aufweisen, sind aber günstiger. Sie eignen sich für detailreiche Näharbeiten als Nadel- oder Greiferfäden.

Absteppfäden

Die Polyesterfäden sind auch als Knopflochfäden bekannt und stärker als Standardfäden. Sie glänzen sehr stark und eignen sich für dekorative Projekte.

Häkelgarne

Diese Fäden bestehen meist aus mercerisierter oder Perle-Baumwolle und sind viel dicker als normale Nähfäden. Daher sind sie für Nadeln nicht geeignet, können aber im Obergreifer der Overlock verwendet werden, um dekorative Ränder anzufertigen, die einer Biese ähneln. Andere Garne können auch im Obergreifer verwendet werden, solange sie gleichmäßig zugeführt werden und nicht zu dick, klumpig oder flauschig sind.

Schleifen

Nur die feinsten oder biegsamsten Schleifen sollten zum Nähen verwendet werden – und auch nur für den Obergreifer, weil der Fadenführer ein so breites Material nicht erlaubt. Wie Häkelgarn können mit ihnen dekorative Stoff- und Saumkanten kreiert werden. Dickere Schleifen können Flatlocknähte verschönern, indem sie durch die Naht eingefädelt werden.

Eine Spule auswählen

Kreuzwickelspulen eignen sich besser für die Overlock, weil sie von oben abgewickelt werden. Parallel gewickelte Spulen sind so aufgebaut, dass der Faden seitlich abgewickelt wird – das ist kein Problem, da die meisten Overlocks Fadenabgleitteller enthalten, die dafür sorgen, dass der Faden gleichmäßig von oben abgewickelt wird.

Einrichten der Maschine

Zeit, die Overlock herauszuholen! Es ist nicht so schwierig, wie Sie vielleicht annehmen. Machen Sie sich keine Sorgen über das Einfädeln – es könnte sein, dass die Overlock bereits eingefädelt ist. Auf diesen Seiten finden Sie eine Anleitung, wie eine Maschine mit drei oder vier Fäden eingefädelt wird. Eventuell müssen Sie jedoch auf Ihre Bedienungsanleitung zurückgreifen, wenn Ihr Modell spezieller aufgebaut ist – nicht alle Maschinen sind gleich.

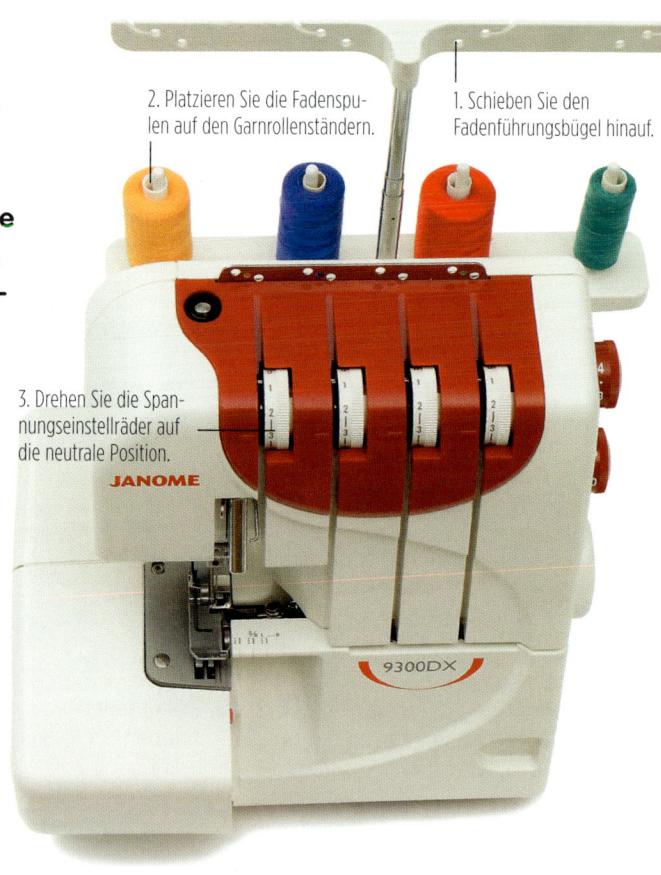

2. Platzieren Sie die Fadenspulen auf den Garnrollenständern.

1. Schieben Sie den Fadenführungsbügel hinauf.

3. Drehen Sie die Spannungseinstellräder auf die neutrale Position.

ERSTE SCHRITTE

Zunächst sollten Sie für ausreichend Platz auf Ihrem Tisch sorgen und sicherstellen, dass die Tischplatte flach ist und nicht beschädigt werden kann. Legen Sie ein Handtuch oder ein schweres Stück Stoff auf empfindliche Oberflächen, um Vibrationen zu dämpfen und um Kratzer und Verbeulungen zu verhindern. Schließen Sie die Maschine an den Strom an und legen Sie das Fußpedal auf den Boden. Die Maschine sollte eingefädelt werden, wenn sie ausgeschaltet ist – denn wenn Ihr Fuß versehentlich auf das Pedal tritt, beginnen Sie ungewollt zu nähen. Die Nadelöhre können jedoch besser gesehen werden, wenn das Licht der Maschine an ist; seien Sie daher vorsichtig, wenn Sie die Maschine doch einschalten. Sie müssen den Fadenführungsbügel an der Rückseite der Maschine anbringen, wenn dies noch nicht geschehen ist. Bringen Sie den Bügel in seine höchste Position. Einige Bügel haben Stopper oder ein System, das sie in ihrer Position hält.

Wählen Sie Ihre Fäden aus und platzieren Sie sie auf den Garnrollenstiften. Verwenden Sie für paralleles Aufwickeln die Fadenabgleitteller, um reibungsloses Abspulen zu ermöglichen und um zu vermeiden, dass sich der Faden in den Kerben oder Schlitzen auf der Spule verfängt. Verwenden Sie die Garnrollenständer, damit größere Spulen nicht herumklappern. Wenn Ihre Maschine farbkodiert ist, können Sie Fäden in derselben Farbe vewenden und dadurch genau sehen, wo jeder Faden verlaufen sollte. Dies kann auch bei Problemen während des Nähens helfen. Bringen Sie die Spannungseinstellräder in eine neutrale Position oder in mittlere Spannung – bei dieser Maschine ist das die Nummer „3". Die Einstellung ist möglicherweise durch eine unterschiedliche Farbe auf dem Rad oder eine eingekreiste Nummer gekennzeichnet.

DEN OBERGREIFER EINFÄDELN

Folgen Sie den farbkodierten Symbolen, um die Maschine einzufädeln. Beginnen Sie beim Obergreifer – mit der hier beschriebenen Methode.

1 Drehen Sie das Handrad, damit der Obergreifer fast seine höchste Position erreicht, sich jedoch nicht vor den Nadeln befindet.

REIHENFOLGE DES EINFÄDELNS

Fast alle Maschinen müssen nach einer bestimmten Reihenfolge eingefädelt werden: normalerweise Obergreifer, Untergreifer, rechter und schließlich linker Nadelfaden. Einige Maschinen haben ein nummeriertes oder farbkodiertes Diagramm (1) in der Greifer-Abdeckung, das die Reihenfolge anzeigt. Fädeln Sie immer in der Reihenfolge ein, die aus der Bedienungsanleitung oder der Maschine hervorgeht, und fädeln Sie durch alle Fadenführungen. Wenn Sie eine übersehen, werden Stiche nicht korrekt gesetzt oder Fäden können reißen. Führen Sie jeden Faden von der Spule zur Fadenführung auf dem Fadenführungsbügel und zuletzt hinunter zu den Spannungseinstellrädern (2). Eventuell muss eine zusätzliche Fadenführung passiert werden, bevor man das Spannungseinstellrad erreicht. Ziehen Sie den Faden durch das Rad. Ziehen Sie auch am Faden über und unter dem Rad (oder seitlich davon), um sicherzustellen, dass der Faden korrekt eingefädelt ist. Es sollte am Ende ein gewisser Widerstand entstehen, wenn man am Faden zieht. Belassen Sie die Fäden so – beide werden weiter unten und auf den nächsten Seiten genauer beschrieben. Öffnen Sie die seitliche und die Greifer-Abdeckung (wenn Sie eine haben), um besseren Zugang zu den Fadenführungen zu erlangen.

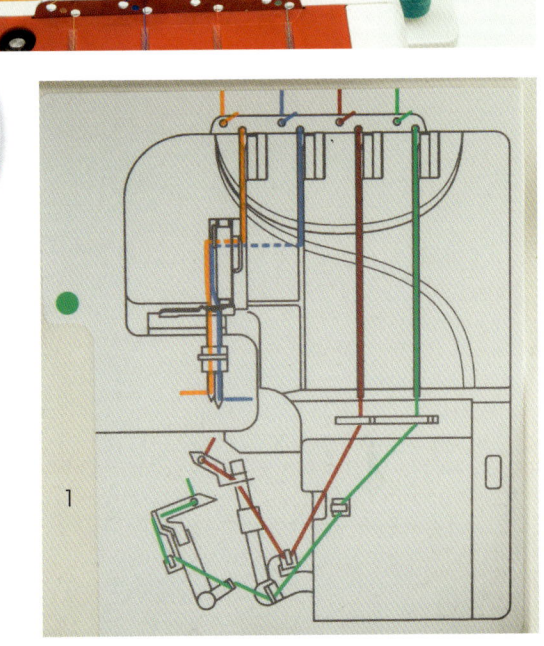

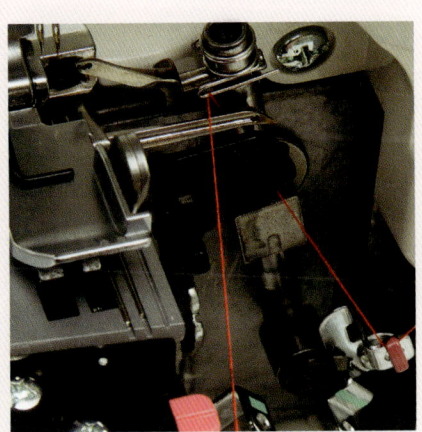

2 Lassen Sie den Faden, beginnend vom Spannungseinstellrad, durch die Fadenführungen laufen (wie auf der Maschine beschrieben), bis Sie zum Greifer-Öhr gelangen. Kontrollieren Sie, ob Sie durch jeden Führer eingefädelt haben.

3 Ziehen Sie den Faden durch das Öhr des Greifers. Sie können dafür eine Pinzette oder einen Greifer-Einfädler verwenden.

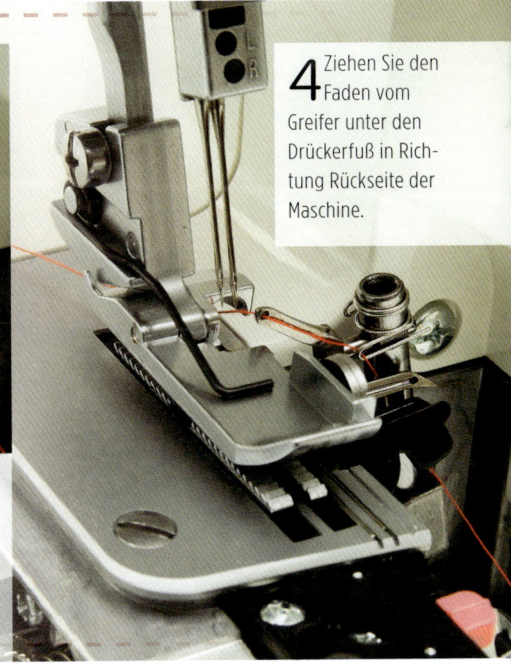

4 Ziehen Sie den Faden vom Greifer unter den Drückerfuß in Richtung Rückseite der Maschine.

EINFÄDELN IN DEN UNTERGREIFER

Hier ist das Einfädeln am schwierigsten, weil die Fadenführungen schwer zu erreichen sind. Einige Marken ermöglichen ein einfacheres Einfädeln – werfen Sie dafür einen Blick in Ihre Betriebsanleitung. Stellen Sie sicher, dass sich der Untergreifer auf dem Obergreifer befindet und die beiden einander nicht kreuzen: Das kann dazu führen, dass Fäden reißen und die Maschine neu eingefädelt werden muss.

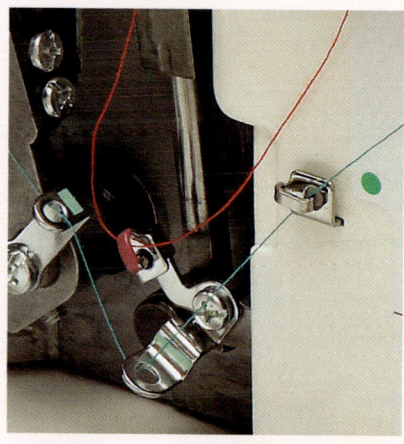

1 Führen Sie den Faden vom Spannungseinstellrad durch die Fadenführungen (wie auf der Maschine oder auf einem farbkodierten Diagramm angewiesen), bis er das untere Ende der Maschine erreicht. Dann ziehen Sie die Fäden durch die Fadenführungen, die zum Untergreifer führen.

2 Verwenden Sie eine Pinzette oder einen Einfädler, um den Faden von der rechten Öffnung zur seitlichen Öffnung auf der linken Seite zu bewegen. Drehen Sie das Handrad, damit der Untergreifer in der linken Öffnung erscheint. Bewegen Sie den Faden durch die Fadenführung auf der rechten Seite des Greifers (darunter oder darüber). Verwenden Sie dann eine Pinzette, um den Faden von der linken Öffnung zurück zur rechten zu bewegen.

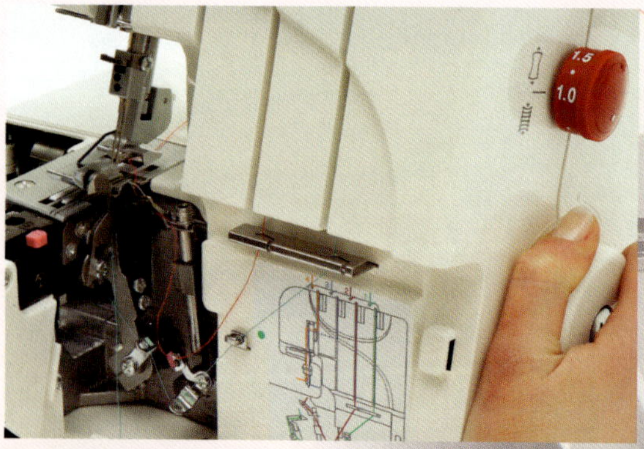

3 Drehen Sie das Handrad erneut, damit der Greifer in der rechten Öffnung sichtbar wird und ein deutlicher Abstand hinter dem Öhr des Greifers besteht (für ein leichteres Einfädeln).

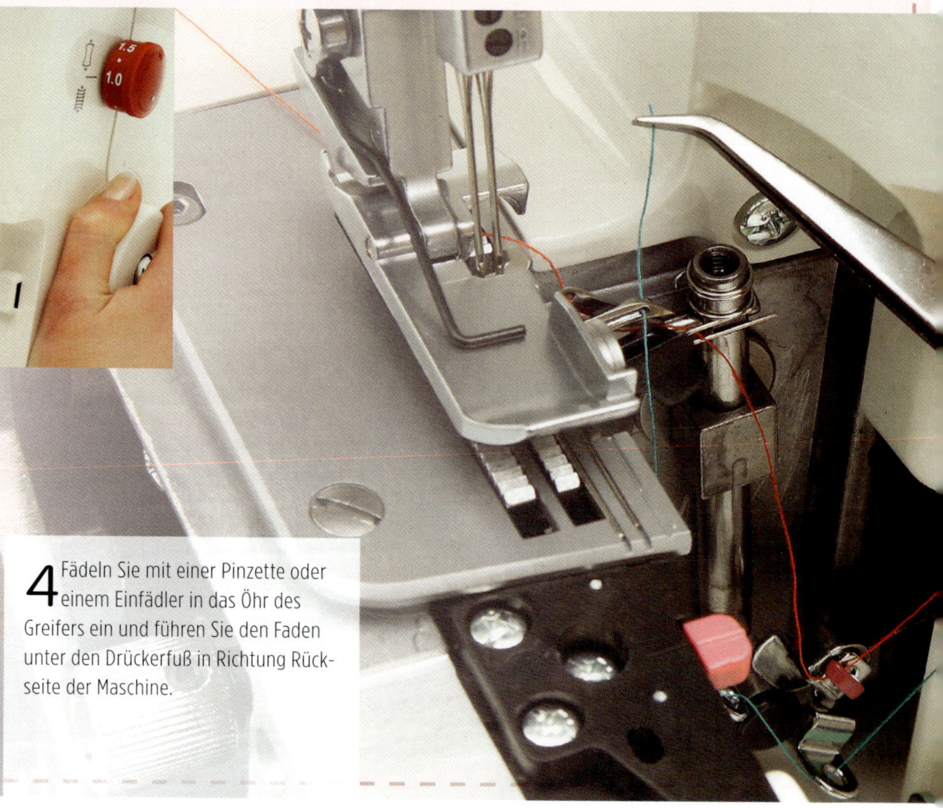

4 Fädeln Sie mit einer Pinzette oder einem Einfädler in das Öhr des Greifers ein und führen Sie den Faden unter den Drückerfuß in Richtung Rückseite der Maschine.

Einfädeln der Nadeln

Beginnen Sie beim Einfädeln mit der rechten Nadel. Folgen Sie dem Fadenfüher der Spannungseinstellräder (wie auf der Maschine gezeigt oder auf den Diagrammen im Handbuch). Zuletzt fädeln Sie durch die Fadenführung der Nadel und dann von vorne nach hinten durch das Nadelöhr. Verwenden Sie einen Einfädler oder eine Pinzette, um den Faden von hinten aus der Nadel zu ziehen. Fädeln Sie auf die gleiche Weise in die linke Nadel ein. Führen Sie drei Nadelfäden unter den Drückerfuß und in Richtung Rückseite der Maschine.

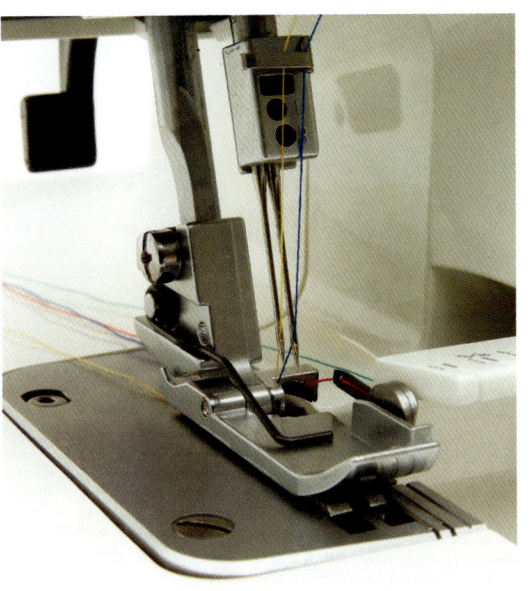

Ein Einfädler kann das Leben ein wenig einfacher machen.

Tipp

Wenn Sie das Einfädeln als schwierig empfinden, entfernen Sie den Drückerfuß (mittels Hebel auf der Rückseite). Ohne den Fuß haben Sie mehr Platz für Ihre Finger, um die Nadeln einzufädeln.

Vor dem Loslegen mit der Overlock

• Stellen Sie sicher, dass sich der Fadenführungsbügel in der höchsten Position befindet.
• Alle Fäden sollten korrekt durch die Spannungseinstellräder und die Fadenführungen verlaufen.
• Der Faden des Untergreifers sollte sich über dem des Obergreifers befinden.
• Die Nadelfäden sollten weit von den Greifern entfernt sein und nur unter dem Drückerfuß verlaufen.
• Alle Fäden sollten auf der Nadelplatte sichtbar sein und unter dem Drückerfuß in Richtung Rückseite der Maschine verlaufen.
• Stellen Sie sicher, dass die Maschine angesteckt und eingeschaltet ist.

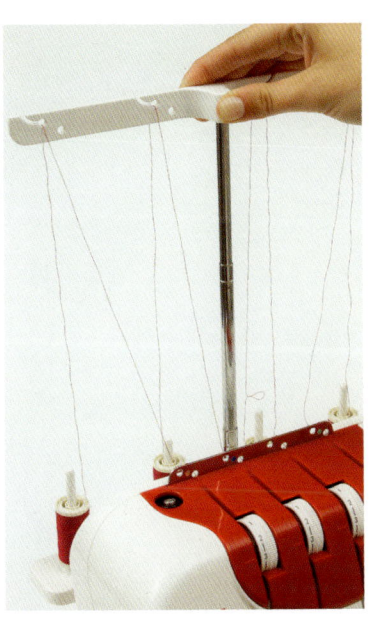

Bringen Sie den Fadenführungsbügel in seine höchste Position.

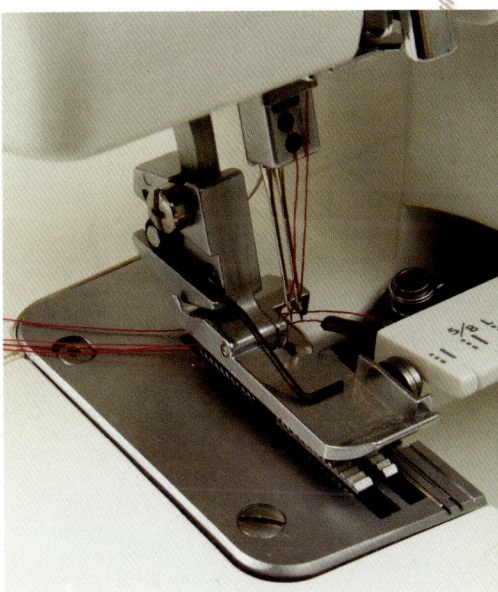

Die Fäden sollten sich unter dem Drückerfuß befinden und auf der Nadelplatte sichtbar sein.

DIE FÄDEN AUSTAUSCHEN

Wenn die Maschine eingefädelt ist, achten Sie auf die Spulen – sie sollten gewechselt werden, bevor keine Fäden mehr vorhanden sind. Das spart sehr viel Zeit!

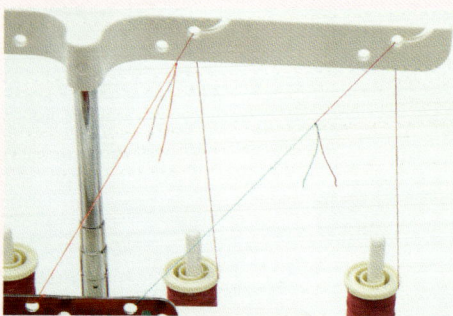

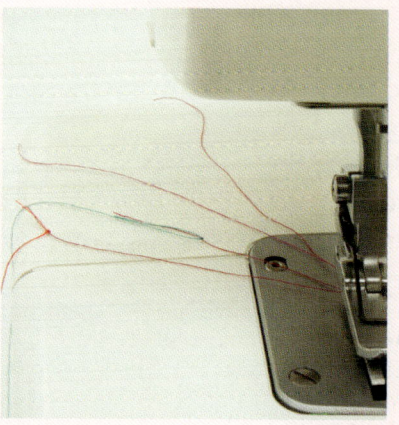

1 Um eine Fadenspule auszuwechseln (weil sie leer ist oder Sie die Farbe ändern möchten), fädeln Sie die Maschine nicht aus! Schneiden Sie die Fäden in der Nähe der Spule ab und binden Sie die neuen Fäden daran. Diese können dann eingefädelt werden – ohne Einfädler oder Pinzette. Das spart Ihnen sehr viel Zeit!

2 Ziehen Sie einen Faden nach dem anderen durch die Maschine, damit diese nicht reißen. Ziehen Sie sie vorsichtig durch die Spannungseinstellräder – eventuell müssen Sie die Spannung komplett lösen oder die Knoten herausziehen und über die Spannungseinstellräder geben, um den neuen Faden korrekt im Spannungseinstellrad zu platzieren. Die Maschine könnte beschädigt werden, wenn die Knoten durch die Spannungskontrollräder gezogen werden.

3 Wenn die Fäden durch die Spannungseinstellräder gefädelt wurden, ziehen Sie sie von der Nadelplatte hinter die Maschine. Achten Sie dabei darauf, dass die Knoten nicht in die Fadenführung gelangen. Diese sollten klein genug sein, um durch das Öhr des Greifers zu passen. Bei dickeren Fäden müssen Sie eventuell einen Einfädler oder eine Pinzette benutzen. Für den Nadelfaden ziehen Sie die neuen Fäden durch die Fadenführungen (Achten Sie darauf, dass die Knoten nicht hängenbleiben). Wenn die Knoten das Nadelöhr erreicht haben, müssen Sie den Faden abschneiden und die Nadeln erneut einfädeln.

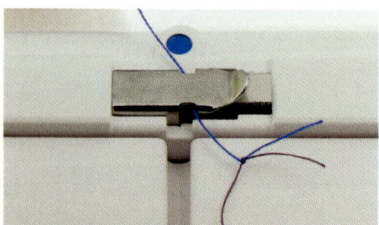

Führen Sie Knoten durch Fadenführungen zum Einhängen.

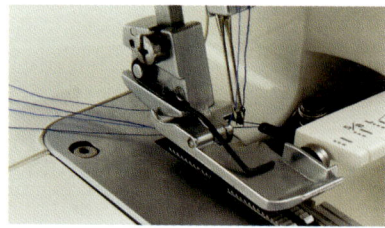

Alle Fäden sollten sich unter dem Drückerfuß befinden.

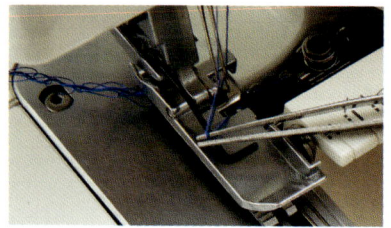

Verwenden Sie eine Pinzette, um die Fäden der Nadeln unter den Greifern herauszuziehen.

Halten Sie die Maschine sauber und flusenfrei.

Tipps

• Wenn Ihre Maschine Fadenführungen zum Einhängen besitzt, müssen Sie die Knoten beim Fadenwechsel eventuell durch die Klemmen bewegen, um zu verhindern, dass die Fäden abreißen.

• Stellen Sie sicher, dass sich alle Fäden unter dem Drückerfuß befinden und in Richtung Rückseite der Nähmaschine zeigen.

• Wenn Ober- oder Untergreifer neu eingefädelt werden müssen, verwenden Sie immer eine Pinzette, um die Fäden der Nadel unter den Greifern herauszuziehen und sie unter den Drückerfuß in Richtung Rückseite der Maschine zu bewegen. Stellen Sie sicher, dass sich die Fäden nicht im Untergreifer verfangen oder ihn umwickeln. Ansonsten könnten diese immer wieder reißen.

• Overlocks sind leichter einzufädeln, wenn die Maschine sauber und flusenfrei ist. Säubern Sie die Maschine daher immer.

Vertraut werden

Ihre Maschine ist eingefädelt und Sie sind bereit, loszulegen. Aber bevor Sie beginnen, sollten Sie sich mit allen Feinheiten vertraut machen. Eine gute Sitzposition ist sehr wichtig, besonders, wenn Sie für längere Zeit nähen: Eine falsche Position kann zu Rücken- und Schulterschmerzen führen. Nähen sollte entspannend sein – und nicht etwas, das Ihnen wehtut.

ARBEITSOBERFLÄCHE

Es ist wichtig, den richtigen Ort zum Nähen zu wählen. Wenn Sie auf einem kleinen Tisch arbeiten, stellen Sie die Maschine in die Mitte; bei einem großen Tisch etwas nach rechts. Links von der Maschine sollte ausreichend Platz für den Stoff sein, besonders, wenn Sie mit sperrigen, großen Textilien (zum Beispiel Vorhänge oder Tischtücher) arbeiten. Wenn der Stoff in Richtung Boden zieht, ist es schwieriger, damit zu nähen, weil er so auch an den Nadeln der Maschine zieht.

Einige Maschinen verfügen über Ausziehtische, um die Nähoberfläche zu vergrößern – diese kann man auch zusätzlich kaufen. Wenn am Tisch kein Platz für den Stoff ist, stellen Sie für die Stoffbereiche, die nicht vernäht werden, einen Stuhl links neben die Maschine.

SESSELHÖHE

Verwenden Sie einen Stuhl, auf dem Sie bequem sitzen können, ohne dass Sie sich strecken oder einen Buckel machen müssen, um die Maschine zu erreichen. Nehmen Sie dieselbe Position ein wie beim Arbeiten an einer Computer-Tastatur – wenn Sie zu hoch oder zu niedrig sitzen, führt das zu Problemen an Ihren Handgelenken und Schultern.

VERWENDUNG DES FUSSPEDALS

Alle Overlocks haben ein Fußpedal, das meist gleich aussieht. Wenn Sie bereits eines für die Geschwindigkeitskontrolle der Maschine verwendet haben, werden Sie schnell mit dem Overlock-Fußpedal zurechtkommen. Es könnte trotzdem etwas dauern, bis Sie sich daran gewöhnen, und vielleicht nähen Sie anfangs schneller als erwartet. Das kann für Anfänger etwas erschreckend sein: Es fühlt sich so an, als würde die Overlock „weglaufen". Keine Sorge: Nach ein wenig Übung werden Sie sich viel sicherer fühlen!

Einige Fußpedale können auf hohe oder niedrige Geschwindigkeit verstellt werden. Für dekorative Techniken ist es am besten, langsam zu nähen, damit alle Stiche korrekt gesetzt werden. Beim Overlocken von Nahtzugaben und der Kantenbearbeitung der Stoffe wird hingegen meist schnell gearbeitet. Nehmen Sie sich am Anfang Zeit, um sich an die Geschwindigkeiten zu gewöhnen, bis Sie sich sicher genug fühlen, um Stoff- oder Saumkanten zu bearbeiten.

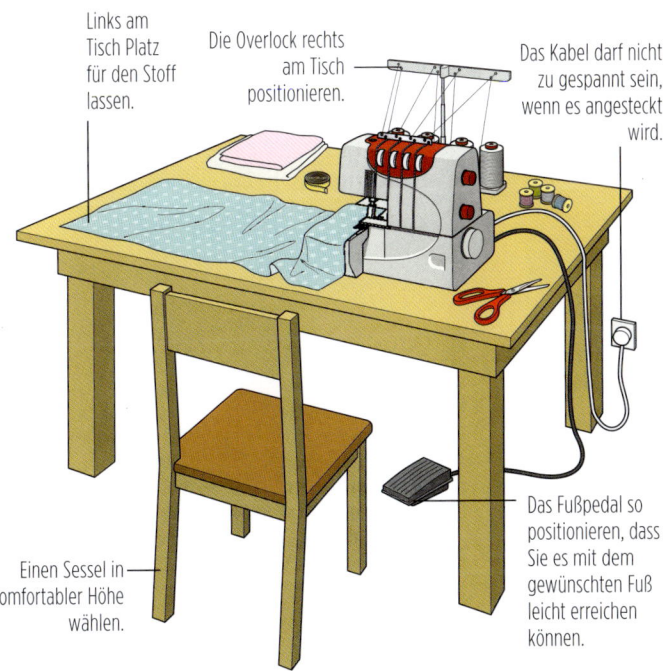

Links am Tisch Platz für den Stoff lassen.

Die Overlock rechts am Tisch positionieren.

Das Kabel darf nicht zu gespannt sein, wenn es angesteckt wird.

Einen Sessel in komfortabler Höhe wählen.

Das Fußpedal so positionieren, dass Sie es mit dem gewünschten Fuß leicht erreichen können.

Loslegen

Jetzt, da Sie sich in der richtigen Sitzpositionen befinden, können Sie mit der Overlock zu arbeiten beginnen – zunächst jedoch ohne Stoff (ja, das ist möglich!). Auf einer normalen Nähmaschine sollten Sie nicht ohne Stoff nähen, aber mit der Overlock funktioniert das. Sie sehen dadurch, ob die Stiche korrekt gesetzt werden.

Die Overlock-Maschine testen

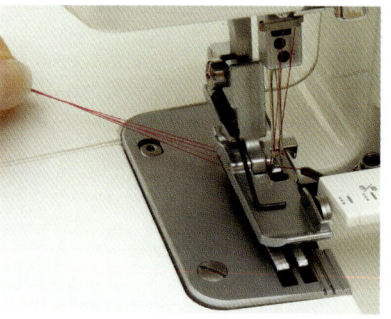

1 Sie benötigen Fäden von Nadeln und Greifern, die lange genug (10–15 cm) sind, um diese zu ergreifen. Ziehen Sie die Fäden sanft unter den Drückerfuß und nach links.

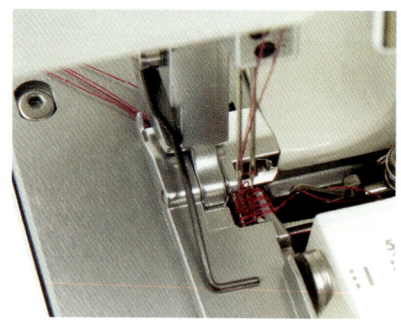

2 Um sicherzustellen, dass die Stiche korrekt am Stichfinger gesetzt werden, drehen Sie das Handrad mit der rechten Hand in Ihre Richtung, während Sie die Fäden in der linken Hand halten.

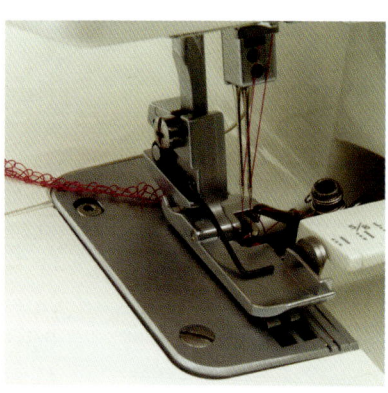

3 Ziehen Sie die Fäden vorsichtig hinter die Nadel, unter den Drückerfuß und nach links. Wenn der Stich korrekt aussieht, drücken Sie Ihren Fuß auf das Pedal und nähen Sie, bis sich eine Kette mit einer Länge von 4–6 cm gebildet hat.

4 Die Stiche sollten so aussehen wie auf dem obigen Bild. Wenn sie nicht richtig aussehen oder die Fäden reißen, werfen Sie einen Blick auf die Checkliste auf Seite 37.

DAS ERSTE STÜCK STOFF OVERLOCKEN

Wenn die Maschine eine Overlock-Kette gerade und ohne Probleme näht, können Sie versuchen, mit einigen Stoffen zu arbeiten. Verwenden Sie einen mittelschweren Baumwollstoff, da das Nähen damit zu Beginn am einfachsten ist.

Nicht vergessen: Wenn Sie an einem Projekt arbeiten, sollten Sie zuvor einen Nähtest mit Stoffresten durchführen. Die Spannungsräder müssen für unterschiedliche Stoffe eventuell angepasst werden, daher sollten Sie für die Testläufe einen ähnlichen oder denselben Stoff verwenden. Wenn dieser durch die Maschine läuft, schneiden Sie mit dem Messer nur ein kleines Stück der Kante ab. Auf der Hinterseite der Maschine sehen Sie anschließend, wie die Kante sauber overlockt wird.

Ein Stück Stoff mit einer Länge von 20 cm ist für den Anfang ideal.

Tipp

Eine Überprüfung, Wartung oder Ölung der Maschine könnte überschüssiges Öl zurücklassen. Um es zu entfernen, nähen Sie zunächst auf ein paar Stoffresten, bevor Sie mit Ihrem Nähprojekt beginnen.

2 Legen Sie die Schnittkante mit der rechten Seite auf die Kante der Abdeckung. Das Messer sollte sichtbar sein. Positionieren Sie den Stoff so, dass das Messer von der rechten Seite ein kleines Stück Stoff abschneidet.

1 Beginnen Sie mit dem größeren Teil des Stoffes links von der Nadel. Drücken Sie die obere Kante hinauf zum Drückerfuß. Sie müssen diesen zum Nähen nicht anheben – außer, Sie arbeiten mit schweren Stoffen.

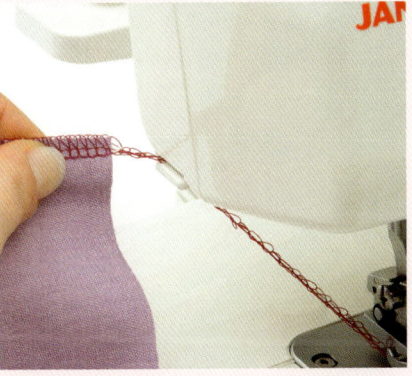

3 Nähen Sie langsam; der Stoff wird automatisch unter den Drückerfuß und dahinter herausgeschoben. Legen Sie Ihre Hände auf die obere Kante des Stoffes, um den Stoff unter den Drückerfuß zu schieben. Halten Sie die Finger von der Klinge fern! Die Führung des Stoffes übernehmen die Stoffschieber-Zähne. Wenn Sie an der Vorder- oder Hinterseite der Maschine am Stoff ziehen, könnten Sie Schaden anrichten: Seien Sie also behutsam und geduldig.

4 Sehen Sie zu, wie das Messer die Stoffkante abtrennt, während der Stoff unter den Fuß geführt wird. Beim Herauskommen auf der Hinterseite ist er entlang der Kante sauber overlockt.

5 Wenn die ganze Länge durch die Maschine geführt wurde, nähen Sie weiter und erzeugen Sie eine Overlock-Kette auf der Rückseite der Maschine. Nähen Sie, bis die Kette mit dem Fadenabschneider auf der linken Seite der Maschine oder hinter der Nadel abgetrennt werden kann. Bewundern Sie Ihr erstes Nähprojekt!

Tipps
• Wenn Sie die Overlock verwenden, müssen Sie den Drückerfuß normalerweise nicht bewegen, weil der Stoff automatisch unter den Fuß und in Richtung Nadeln gezogen wird. Für schwere oder glatte Stoffe müssen Sie den Fuß eventuell anheben und den Stoff vor die Messerklinge legen, damit die Stoffschieber-Zähne ihn durch die Maschine führen können.
• Lassen Sie beim Nähen eine Fadenkette in der Länge von 10 cm übrig. Bei einer kürzeren Kette könnten die Fadenenden verloren gehen und die Maschine muss neu eingefädelt werden.
• Wenn die overlockte Kante nicht so aussieht wie auf den Bildern links oben, werfen Sie einen Blick auf die Checkliste auf Seite 37 oder auf die Seiten 34–43, wo Sie Details für die Einstellungen der Maschine finden.

Fehler beheben

Beim Nähen kann immer etwas schiefgehen. Keine Sorge, das passiert jedem. In den meisten Fällen gibt es mehrere Optionen, um Fehler zu korrigieren – die Naht abschneiden, einen Auftrenner verwenden oder einfach oberhalb des Fehlers neu beginnen.

PROBLEME LÖSEN

Wenn das Overlocken schiefgeht, Fäden abreißen oder Stiche verstopfen, ziehen Sie den Stoff nach links heraus und nähen Sie – falls möglich – weiter, um eine Fadenkette zu erzeugen. Wenn Sie nicht weiternähen können, hören Sie auf, drehen Sie das Schwungrad in Ihre Richtung, entfernen Sie die Nadel vom Stoff und lösen Sie die Spannung. Ziehen Sie den Stoff nach links: Sie müssen dafür eventuell die Fäden lockern. Schneiden Sie den Faden ab und suchen Sie nach der Ursache des Fehlers. Machen Sie immer einen Test mit Stoffresten, um sicherzustellen, dass das Stichbild korrekt ist, bevor Sie wieder mit dem Nähen beginnen.

STICHE ENTFERNEN

Für offensichtlichere Fehler an der Stoffkante oder bei Nähten, die entfernt werden sollten, müssen die Stiche herausgezogen oder aufgetrennt werden – und Sie müssen von vorne beginnen. Das scheint kompliziert, aber die Fäden können mit der richtigen Methode leicht entfernt werden. Es gibt mehrere Techniken, um Stiche zu entfernen: Drei davon sind weiter unten und eine auf der rechten Seite beschrieben. Einige funktionieren schneller, andere benötigen mehr Zeit – es hängt immer vom Stoff und den Fäden ab, mit denen gearbeitet wird.

Erneut beginnen

Wenn Sie eine Nähmaschine für die Naht verwendet haben und mit der Overlock die Kanten bearbeitet haben, haben Sie möglicherweise genug Nahtzugabe übrig, um die falschen Stiche abzuschneiden und eine neue Kante anzufertigen.

In einigen Fällen möchten Sie vielleicht genau dort wieder beginnen, wo der Fehler entstanden ist. Heben Sie den Drückerfuß an und legen Sie den Stoff darunter. Die Nadeln sollten sich oberhalb des Fehlers befinden. Nähen Sie erneut bis zum Ende der Naht.

DIE FÄDEN EINFACH HERAUSZIEHEN

Diese Methode eignet sich für kürzere Nähte, Standard-Fäden und leichte bis mittelschwere Stoffe.

1 Wenn Sie eine Fadenkette angefertigt haben, ziehen Sie diese mit den Fingern gerade. Die Fäden für die Greifer sind länger als die Nadelfäden; versuchen Sie daher, die Nadelfäden zu trennen und ziehen Sie sanft daran. Der Stoff wird sich dabei kräuseln. Ziehen Sie weiter an den Nadelfäden und lockern Sie den Stoff dadurch. Die Fäden sollten sich schließlich vollständig aus dem Stoff ziehen lassen.

2 Jetzt, wo die Greiferfäden nicht länger von den Nadelfäden fixiert werden, sollten sie beginnen, sich zu lösen, und können aus dem Stoff entfernt werden.

3 Nähen Sie die Naht erneut und stellen Sie sicher, dass die Nadeln an denselben Stellen wie zuvor in den Stoff stechen – in den meisten Fällen möchten Sie nicht noch mehr Stoff mit der Messerklinge abschneiden. Entfernen Sie nur Fasersträge, die beginnen auszufransen.

STICHE AUFTRENNEN – SCHNELLE METHODE

Bei schwereren Stoffen und längeren Nähten oder versäuberten Kanten benötigen Sie eventuell Hilfsmittel, um die Stiche aufzutrennen.

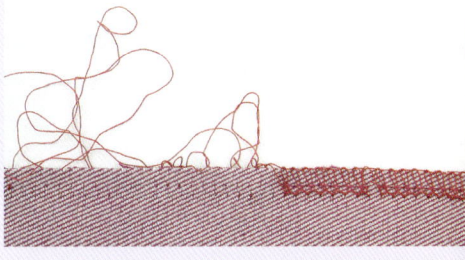

1 Schneiden Sie die Fäden mit einer kleinen Schere ab oder verwenden Sie einen Auftrenner, um sie abzureißen. Ziehen Sie die Fäden abschnittsweise heraus.

2 Die Greiferfäden werden beginnen sich zu lösen und können leichter aus dem Stoff herausgezogen werden.

3 Nähen Sie die Naht erneut und stellen Sie sicher, dass die Nadeln an denselben Stellen wie zuvor stechen – in den meisten Fällen möchten Sie nicht noch mehr Stoff mit der Messerklinge abschneiden. Entfernen Sie nur Faserstränge, die beginnen, auszufransen.

STICHE AUFTRENNEN – LÄNGERE METHODE

Wenn das Herausziehen der Fäden (links) oder die schnellen Auftrennmethoden (oben) nicht funktionieren, entfernen Sie die Fäden, indem Sie die Naht auseinanderziehen und mit dem die Fäden mit Auftrenner abschneiden. Diese Technik wird für das Auftrennen von Nähten einer normalen Nähmaschine verwendet. Bei Vierfaden-Stichen aus rechter und linker Nadel wird mehr Zeit benötigt.

Alternativ können Sie den Auftrenner an der overlockten Kante verwenden, um durch die Greiferfäden zu schneiden und sie zu entfernen. Im Anschluss können die Nadelfäden einfach herausgezogen werden. Leider entstehen dadurch oft viele kurzen Fäden, die entfernt werden müssen, und es kann sehr lange dauern, bis keine Fäden mehr zu finden sind.

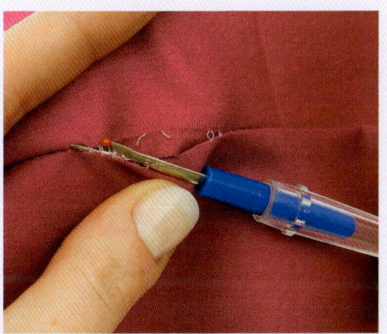

Ziehen Sie die Naht auseinander und führen Sie den Auftrenner entlang der Fäden.

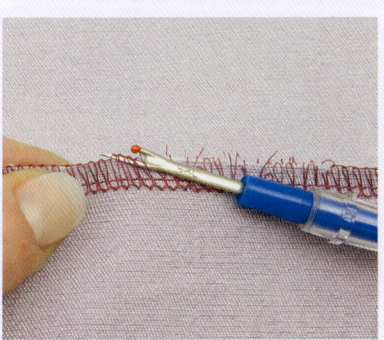

Arbeiten Sie mit dem Auftrenner entlang einer overlockten Kante, um Greiferfäden abzuschneiden, die anschließend entfernt werden müssen.

LÖCHER IM STOFF

Das passiert jedem Näher irgendwann: Sie blicken auf den Stoff und sehen, dass Sie dort in den Stoff geschnitten haben, wo Sie eigentlich nicht wollten.

Kleine Kerben

Schnellste Methode: Bügeln Sie eine Einlage zum Aufbügeln auf die linke Seite des Stoffes. Diese Technik eignet sich nicht für jedes Loch, aber kann kleine, unauffällige Kerben wieder flicken.

Große Löcher

Je nach Position des Loches müssen Sie eventuell von vorne beginnen.

Tipp

Eine Pinzette mit dünnen Enden ist normalerweise bei der Maschine enthalten. Sie eignet sich gut, um Fäden aus feinen Stoffen zu herauszuziehen, weil sie keine Spitze oder Schneidkante besitzt. Heftstiche, die sich in der Nähe von overlockten Stichen befinden, können damit ebenso entfernt werden.

Enden versäubern und sichern

Wie können Sie das Auftrennen von Fäden verhindern? Die Over-lock hat keinen Umsteuerhebel, um Anfang und Ende der Naht zu überdecken und zu sichern. In den meisten Fällen müssen Sie zu Beginn und am Ende der Naht nichts tun. Wird die Naht jedoch durch weitere Stiche überdeckt oder befindet sich an einer gut sichtbaren Stelle, sollten Sie das Ende eventuell versäubern.

> **Tipp**
> Einige Maschinen besitzen eine Ver-riegelung, um die Fäden am Anfang einer Naht oder der Einfassung zu versäubern. Wenn die Fäden nach vorne gezogen werden, (siehe Schritt 2), versäubern Sie sie unter der Ver-riegelung, bevor Sie weiternähen.

AUFTRENNEN VON FÄDEN VERHINDERN

Die folgende Liste zeigt fünf Optionen, um Fäden vor dem Auftrennen zu bewahren. Wie bei anderen Näh-projekten sollten Sie die Methode auswählen, die sich am besten für das Projekt oder den Stoff eignet.

Machen Sie nichts

Auf manchen Kleidungsstücken nähen Sie eine Naht über das Ende einer anderen overlockten Naht, um sie zu versäubern. Bei einem Rock mit Bund und bearbei-tetem Saum werden die Nähte zuerst genäht und overlockt und dann der Bund entlang der Enden der seitlichen Nähte genäht. Hier muss nicht versäubert werden. Der Saum wird dann umgeschlagen und ent-lang der anderen Enden der seitlichen Nähte genäht.

Schneiden und ziehen Sie die übrigen Fäden straff

Ziehen Sie an den Fäden und schneiden Sie sie ab. Belassen Sie ein kurzes Ende (5 mm oder weniger). Ziehen Sie erneut an den Fäden, um zu versäubern.

Verwenden Sie Nahtdichtmasse

Hiervon gibt es eine große Auswahl in Näh- oder Kurzwarengeschäften. Verwenden Sie die kleinsten Tropfen, um die Fäden am Ende der Naht zu versäu-bern. Schneiden Sie die Fadenkette nahe am Stoff-ende ab, wenn die Masse trocken ist.

Machen Sie einen Knoten in die Fadenkette

Machen Sie einen Knoten in die Kette und schieben Sie ihn ans Ende der Naht. Sie können, falls nötig, Nahtdichtmasse verwenden oder die Fäden einfach in der Nähe des Knotens abschneiden.

Weben Sie das Ende ein

Verwenden Sie eine Durchziehnadel, eine Wendehilfe, eine Häkelnadel oder eine Nadel mit großem Öhr, um die Kette durch die Stiche der Naht zu ziehen. Schnei-den Sie die langen Enden in der Nähe der Naht ab.

ENDE DER OVERLOCKNAHT VERSÄUBERN

Diese Technik kann für den Beginn einer Naht verwen-det werden. Es wird zwar mehr Zeit benötigt als für andere Methoden, aber sie ermöglicht ein sauberes und sicheres Ergebnis.

1 Nähten Sie entlang der Nahtlinie (nur zwei oder drei Stiche). Drehen Sie das Handrad in Ihre Richtung, bis die Nadel sich im Stoff befindet. Einige Maschinen besit-zen eventuell einen Knopf, um die Nadel automatisch abzusenken.

2 Heben Sie den Drückerfuß an und bringen Sie die Fadenkette von der Rückseite des Stoffes nach vorne und unter den Drückerfuß. Ziehen Sie nicht zu fest daran – der Stoff sollte am Beginn der Naht flach bleiben. Senken Sie den Drückerfuß ab.

ENDSTÜCK AM ENDE DER NAHT

Für diese Arbeit wird eventuell viel Zeit benötigt: Es hängt davon ab, wie leicht die Fäden sich vom Nadelfinger entfernen lassen. Das Ende der Naht lässt sich so jedoch korrekt versäubern.

1 Nähen Sie bis zum Ende der Naht, bis die Nadel nicht mehr im Stoff ist. Drehen Sie das Schwungrad in Ihre Richtung, bis die Nadel sich nicht mehr im Stoff, sondern in ihrer höchstmöglichen Position befindet.

2 Heben Sie den Drückerfuß an und entfernen Sie die Fäden vom Stichfinger.

3 Drehen Sie den Stoff zu sich, sodass die overlockte Kante unter dem Fuß liegt, damit Sie zurücknähen können. Nähen Sie in einem leicht schrägen Winkel entlang der Kante (3–4 cm), damit keine der ursprünglichen Fäden abgeschnitten werden. Ziehen Sie den Stoff nach links heraus und lassen Sie eine Kette overlockten Faden übrig, bevor Sie den Rest nahe an der Stoffkante abschneiden.

3 Nähen Sie weiter vorwärts und umschließen Sie die Fadenkette mit der overlockten Kante. Schneiden Sie überschüssigen Faden mit der Overlock-Klinge ab. Wenn sich die Naht kräuselt, streichen Sie sie mit den Fingern flach.

Tipps für das Lösen der Fäden vom Stichfinger

- Ziehen Sie an der Rückseite der Maschine stark am Stoff – bei manchen Modellen lockern sich dadurch die Fäden am Stichfinger. Ziehen Sie sie mit den Fingern herunter.
- Ziehen Sie über der letzten Fadenführung vor der Nadel an den Nadelfäden – dadurch löst sich die Spannung an den Fäden über dem Stichfinger.
- Wenn der Stichfinger mit einem Knopf oder Hebel entfernt werden kann, können Sie den Finger hin und her bewegen und die Fäden lösen.

Overlock-Einstellungen

Ihre Overlock verfügt über diverse Einstellungen zum Versäubern von Stoffen. Sie sollten wissen, wie sie funktionieren und für einen perfekten Overlockstich angepasst werden können.

REGULIERBARE EINSTELLUNGEN

Es gibt sechs Haupteinstellungen für die Maschine, um das Aussehen der Overlockstiche zu verändern.

Darunter fallen:

❶ Schnittbreite
❷ Fadenspannung
❸ Stichlänge
❹ Stichbreite
❺ Differentialtransport
❻ Fußdruck

Die Veränderung jeder Einstellung hat eine bestimmte Auswirkung auf die Stiche der Overlock. Auf den folgenden Seiten finden Sie mehr Details darüber.

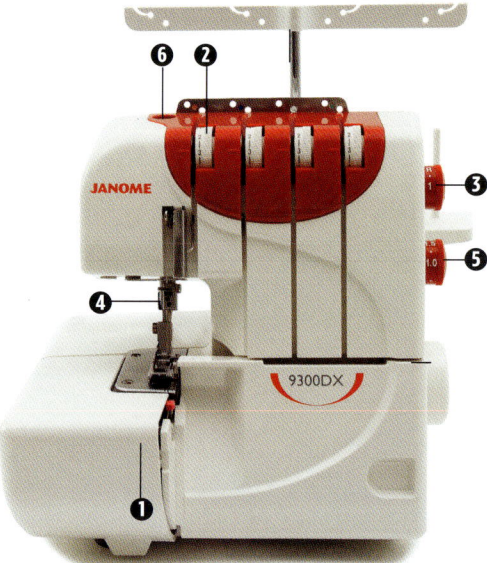

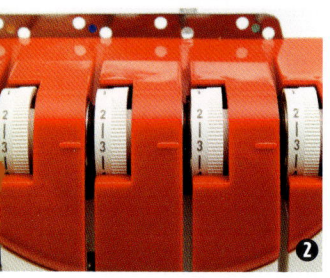

Sollte ich meine Einstellungen anpassen?

Nähen Sie zunächst immer eine Testnaht und überprüfen Sie sie. Stellen Sie eine Auswahl an Stoffen zusammen, um Nähte zu üben. Verwenden Sie einen Stoff, der (fast) dasselbe Gewicht hat wie der Stoff für das Nähprojekt, damit das Spannungsgleichgewicht stimmt. Betrachten Sie folgende Fragen zu Ihren Nähprojekten:

• Zieht die Naht den Stoff auseinander? (1)
• Sind Fadenschlingen oder gespannte Stiche zu sehen? (2)
• Bilden sich Kräuselungen und liegt die Naht nicht flach? (3)
• Dehnt sich der Stoff an der overlockten Kante? (4)
• Passen die Nähte nicht zum Stoff und sind sie zu sperrig oder zu fein? (5)

Wenn Sie nicht alle Fragen mit „nein" beantworten können, sollten Sie die Einstellungen der Maschine anpassen – möglicherweise müssen mehrere Optionen verstellt werden.

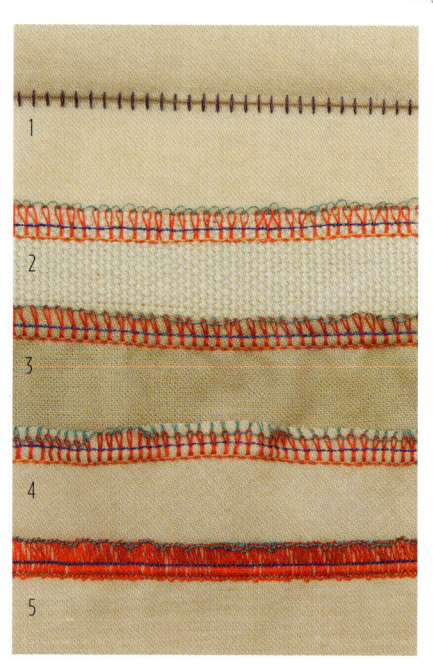

Schnittbreite festlegen

Die Schnittbreite ist der Abstand von der linken Nadel zur Schneideklinge oder die Breite des Stoffes innerhalb der overlockten Schlaufen. Sie kann mit einem Rad verstellt werden, das die Position des Untermessers anpasst. Das Obermesser richtet sich automatisch an der Lage des Untermessers aus.

Rad zur Anpassung der Schnittbreite der Janome 9300DX

MESSERKLINGE

Fast alle Maschinen haben eine einziehbare Messerklinge, um das Messer zu entfernen. So können Kanten bearbeitet werden, ohne Stoff wegzuschneiden. Bei einigen Modellen kann die Klinge auch nach links oder rechts bewegt werden, um die Schnittbreite anzupassen. Die Veränderungen sind nur minimal, können die Nähte aber stark verändern. Das Anpassen der Schnittbreite muss in Verbindung mit dem Verstellen der Stichbreite geschehen. Fäden sollten sich an der Stoffkante befinden, ohne dass sich außerhalb der abgeschnittenen Kante Schlaufen bilden oder sich der Stoff innerhalb des Stiches einrollt. Bei fortgeschritteneren Maschinen, auf denen verschiedene Stiche ausgewählt werden können, wird die Schnittbreite für bestimmte Sticheffekte automatisch angepasst.

Bei einfacheren Maschinen wird die Klinge händisch mit einem Rad oder Hebel bewegt. In der Anleitung der Maschine finden sich Angaben zu den verwendeten Einstellungen. Überprüfen Sie, ob es die Einstellung gibt und wo sie zu finden ist. Ihre Maschine besitzt eine neutrale oder persönlich ausgewählte Einstellung, die manchmal am Rad markiert oder in der Anleitung beschrieben ist.

Das Rad ist mit „+/-" gekennzeichnet – bewegen Sie es zu einer höheren Nummer (oder in Richtung „+"), um die Schnittbreite zu erhöhen. Für eine kleinere Breite drehen Sie es zu einer niedrigeren Nummer oder in Richtung „-".

Rad für die Anpassung der Schnittbreite der Janome 1200D

Die Einstellungen der Schnitt- und Stichbreite

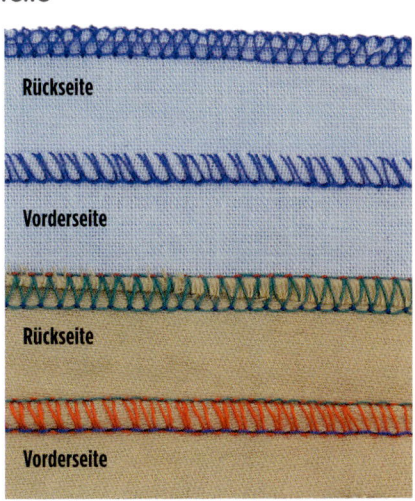

Ausgeglichener Stich. Die oberen Beispiele zeigen einen Dreifaden- und die unteren einen Vierfaden-Overlockstich.

Die Schnittbreite ist zu breit für die Stichbreite. Der Stoff rollt sich innerhalb des Stiches und der Stich liegt nicht flach. Vergrößern Sie die Stichbreite oder verkleinern Sie die Schnittbreite.

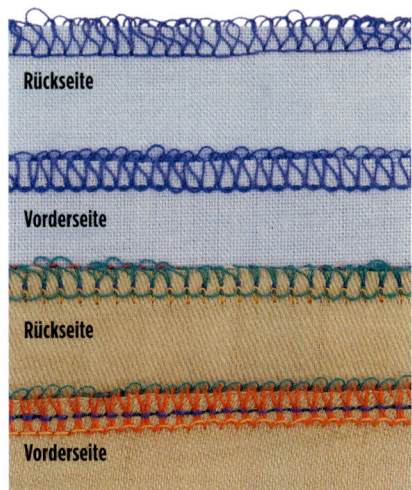

Die Schnittbreite ist zu eng und passt nicht zur Stichbreite. Fadenschlaufen bilden sich außerhalb der abgeschnittenen Kante. Verkleinern Sie die Stichbreite oder vergrößern Sie die Schnittbreite.

Fadenspannung festlegen

Alle Overlock-Modelle haben verstellbare Spannungsräder oder -knöpfe an der Vorder- oder Hinterseite der Maschine. Sie kontrollieren, wie straf oder lose der Faden gehalten und durch die Maschine gezogen wird, um sicherzustellen, dass die Stiche immer korrekt ausgeglichen sind. Einige mittel- bis hochklassige Modelle verfügen über eine automatische Spannungseinstellung: Die passende Spannung wird automatisch für die unterschiedlichen Stiche ausgewählt. Die Fadenspannung kann weiter angepasst werden, wenn der Stich nicht korrekt aussieht.

POSITION DES SPANNUNGSRADES

In den meisten Fällen kann die Maschine einen ausgeglichenen Stich auf mittelschweren Stoffen und mit Standardfäden produzieren, wenn sich die Spannungsräder auf der neutralen Position befinden (überprüfen Sie dazu Ihre Anleitung). Für schwerere oder leichtere Stoffe und andere Fäden müssen Sie die Räder eventuell anpassen. Als Faustregel gilt: Je dicker der Faden, desto loser muss das Spannungsrad sein.

Auf oder neben den Rädern befindet sich entweder ein Nummernsystem oder „+/-"-Markierungen. Je höher die Nummer oder je mehr in Richtung „+" gedreht wird, desto höher ist die Spannung oder straffer der Faden in der Maschine. Im Gegensatz dazu bedeutet eine niedrigere Nummer oder das Drehen in Richtung „-", dass der Faden loser gehalten und durch die Maschine gezogen wird. Weil sogar bei denselben Modellen die Spannung oft anders angepasst wird, sollten diese Informationen nur eine Leitlinie für das Einrichten der Maschine sein. Hier wurde die Overlock mit verschiedenfarbigen Fäden eingefädelt, um zur Farbkodierung in der Greifer-Abdeckung zu passen – so können Sie die Unterschiede in der Fadenspannung gut sehen.

Linke Nadel   Rechte Nadel   Obergreifer   Untergreifer

Für die Beispiele der Seiten 37–39 wurden verschiedenfarbige Fäden für die zwei Nadeln und Greifer verwendet (wie am obigen Bild), damit die Auswirkungen der Anpassung eines jeden Spannungsrades ersichtlich sind.

Sie können auf Ihrer Maschine die „Schneiden, Knoten und Durchziehen"-Methode zum Einfädeln verwenden. Damit lässt sich schnell erkennen, welcher Faden angepasst werden muss. Verändern Sie die Spannung und achten Sie auf die Auswirkungen. Die Anpassungen rechts dienen als Leitfaden für die Verstellung der Spannungsräder (für gewöhnliche Anpassungen zum Ausgleichen). Arbeiten Sie sich durch die Checkliste auf der rechten Seite, bevor Sie die Spannung vergrößern oder verkleinern. Wenn Sie diese doch anpassen müssen, verändern Sie nur einen Faden auf einmal. Beginnen Sie mit dem Faden, der am unpassendsten wirkt. Nähen Sie, überprüfen Sie das Ergebnis und führen Sie weitere Anpassungen durch, bis der Stich Ihren Wünschen entspricht. Wenn Sie immer noch Probleme haben, muss eventuell die Schnittbreite angepasst werden (oder etwas anderes ist schiefgegangen – siehe Schnittbreite festlegen, Seite 35).

Checkliste: Probleme bei der Spannung

Bevor Sie die Spannung an der Maschine anpassen, werfen Sie einen Blick auf die folgende Checkliste – vielleicht ist die Spannung gar nicht das Problem!

• Überprüfen Sie, ob die Fäden in den Spannungsscheiben eingeschlossen sind. Ziehen Sie die Fäden an beiden Seiten hin und her.

• Stellen Sie sicher, dass die Fäden korrekt durch alle Fadenführungen laufen. Wenn eine Führung ausgelassen wird, kann es zu falscher Spannung kommen.

• Überprüfen Sie die Spannungsräder auf Flusenbildung. Häufig kommt es zu Problemen mit ausgeglichenen Stichen, die durch Reinigen der Maschine behoben werden können.

• Wenn Sie eine Multifunktionsmaschine besitzen, sollte sie für den gewünschten Stich korrekt eingestellt werden.

Vorderseite

Rückseite

Ausgeglichener Zweifaden-Stich

DIE SPANNUNG FÜR ZWEIFADEN-OVERLOCK-STICHE ANPASSEN

Hierfür werden nur eine Nadel und der Untergreifer benötigt. Ein korrekt ausgeglichener Stich sollte wie am obigen Bild aussehen.

LINKER ODER RECHTER NADELFADEN

Wenn Sie nur mit zwei Fäden nähen, sollte der Nadelfaden als Geradstich auf der Oberseite des Stoffes erscheinen und flach in einer V-Form an der Unterseite aufliegen. Die Spannungsräder müssen für ein korrektes Erscheinungsbild eventuell angezogen oder gelockert werden. Wenn der Nadelfaden zu lose ist, wird der Faden über die Stoffkante auf die Oberseite gezogen. Wenn er zu straff ist, werden die Greiferfäden auf die Unterseite des Stoffes gezogen.

UNTERGREIFERFADEN

Dieser Faden sollte flach auf der Oberseite des Stoffes liegen. Er erscheint nur auf der Stoffkante der Unterseite, und schließt mit dem Nadelfaden ab. Sie müssen den Nadelfaden eventuell lockern und den Greiferfaden straffen (oder umgekehrt), um ein korrektes Ergebnis zu erzielen. Probieren Sie eine Möglichkeit aus, nähen Sie und überprüfen Sie das Resultat. Ändern Sie die Einstellungen so lange, bis Sie mit dem Stichbild zufrieden sind.

Rückseite

Vorderseite

Rückseite

Vorderseite

Nadelspannung zu lose (obere Beispiele) und zu straff (untere Beispiele).

Rückseite

Vorderseite

Rückseite

Vorderseite

Greiferspannung zu lose (obere Beispiele) und zu straff (untere Beispiele).

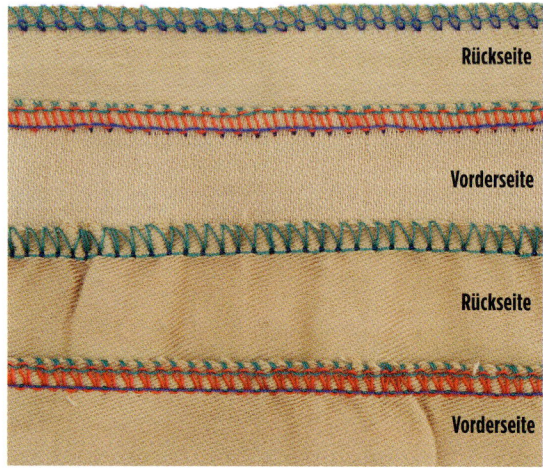

Vorderseite

Rückseite

Ein ausgeglichener
Dreifaden-Stich

DIE SPANNUNGEN FÜR DREIFADEN-OVERLOCKNÄHTE ANPASSEN

Bei korrekter Spannung sollte der Stich so aussehen wie auf dem obigen Bild. Der Nadelfaden erscheint als gerade Reihe an der Oberseite des Stoffes und auf der Unterseite als Schlaufe um die Fäden des Untergreifers herum. Der Obergreifer-Faden befindet sich beim Vierfaden-Stich auf der Oberseite des Stoffes und ist nur an der Kante auf der Unterseite sichtbar. Den Untergreifer-Faden sehen Sie hingegen nur an der Kante der Oberseite des Stoffes und entlang der Unterseite des Stoffes.

FADEN DER LINKEN ODER RECHTEN NADEL

Nur eine Nadel wird für das Dreifaden-Overlocken benötigt; daher ist es wichtig, dass die Fadenspannung dieses Fadens korrekt ist. Wenn Dreifaden-Overlockstiche für Nähte verwendet werden, muss diese genähte Reihe ausgeglichen sein, damit sich die Naht nicht verzieht. Wie beim Vierfaden-Overlocken führt auch hier ein zu loser Stich zu einer verzogenen Naht, während ein zu straffer Stich eine gekräuselte Naht zur Folge hat und leicht abreißt.

UNTERGREIFERFADEN

Dieser Faden sollte auf der linken Seite des Stoffes zu sehen und nur sehr spärlich auf der Oberseite des Stoffes sichtbar sein (auf einer Stoffkante). Ein zu loser Faden wird auf die Oberseite des Stoffes gezogen. Ein zu straffer Faden zieht die Obergreiferfaden auf die Unterseite des Stoffes.

OBERGREIFERFADEN

Dieser Faden sollte auf der rechten Seite des Stoffes zu sehen sein; auf der Unterseite befindet er sich nur an der Kante. Ein zu loser Faden wird auf die Unterseite des Stoffes gezogen, ein zu straffer Faden zieht die Untergreiferfaden auf die Oberseite des Stoffes.

Tipp

Für ein Gleichgewicht zwischen Ober- und Untergreifern muss der Obergreifer eventuell angezogen und der Untergreifer gelockert werden. Dies sorgt für ein korrektes Stichbild. Vergessen Sie nicht, nur ein Spannungsrad auf einmal anzupassen.

Rückseite

Vorderseite

Rückseite

Vorderseite

Nadelspannung zu lose (obere Beispiele) und zu straff (untere Beispiele).

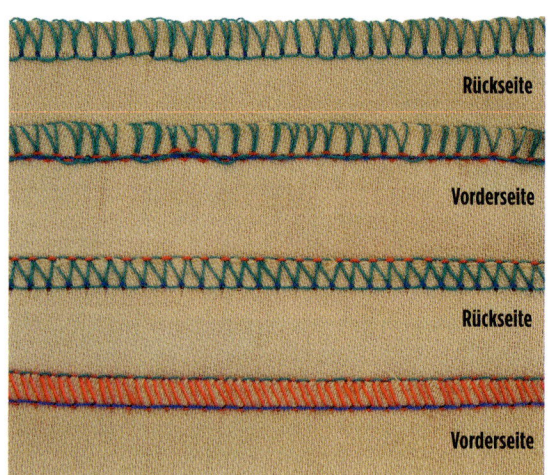

Rückseite

Vorderseite

Rückseite

Vorderseite

Untergreifer-Spannung zu lose (obere Beispiele) und zu straff (untere Beispiele).

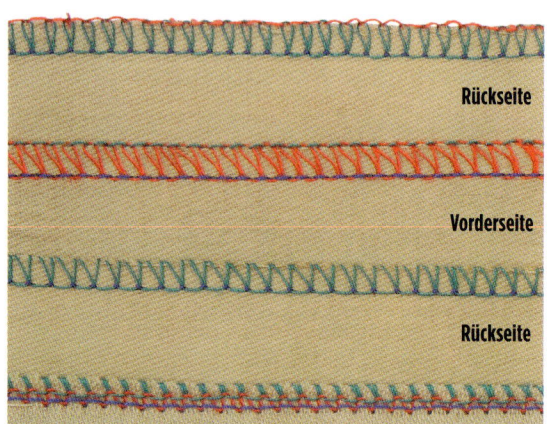

Rückseite

Vorderseite

Rückseite

Vorderseite

Obergreifer-Spannung zu lose (obere Beispiele) und zu straff (untere Beispiele).

Vorderseite

Rückseite

Ein ausgeglichener Vierfaden-Stich

DIE SPANNUNGEN FÜR VIERFADEN-OVERLOCK-NÄHTE ANPASSEN

Bei korrekter Spannung sollte der Stich so aussehen wie am obigen Bild. Die Nadelfäden erscheinen auf der Oberseite des Stoffes als zwei gerade genähte Reihen (über den Obergreiferfäden) – wie bei einem Geradstich einer Nähmaschine. Auf der Unterseite erscheinen die Fäden als kleine Schlaufen, die um die Greiferfäden geschlungen sind. Die Obergreiferfäden sollten nur auf der Oberseite des Stoffes, die Untergreiferfäden nur auf der Unterseite zu sehen sein.

LINKER NADELFADEN

Wenn Sie mit der Overlock nur eine Naht erzeugen, ist es wichtig, dass der linke Nadelfaden die korrekte Spannung hat. Ein zu loser Stich verzieht die Naht, während ein zu straffer Stich die Naht kräuselt und der Faden abreißen kann.

RECHTER NADELFADEN

Dieser Faden dient als Sicherheitsfaden beim Nähen mit vier Fäden. Es ist kein Problem, wenn er zu lose oder zu straff ist, weil er die Naht nicht belastet. Trotzdem sollte die Spannung so weit wie möglich angepasst werden, damit das Stichbild korrekt aussieht.

UNTERGREIFERFADEN

Dieser Faden sollte auf der linken Seite des Stoffes zu sehen und nur spärlich an der Stoffkante der Oberseite sichtbar sein. Ein zu loser Faden wird auf die Oberseite des Stoffes gezogen. Ein zu straffer Faden zieht die Obergreiferfäden auf die Unterseite des Stoffes.

OBERGREIFERFADEN

Dieser Faden sollte auf der rechten Seite des Stoffes zu sehen sein. Auf der Unterseite befindet er sich nur an der Kante. Ein zu loser Faden wird auf die Unterseite des Stoffes gezogen. Ein zu straffer Faden zieht den Untergreiferfaden zur Oberseite des Stoffes.

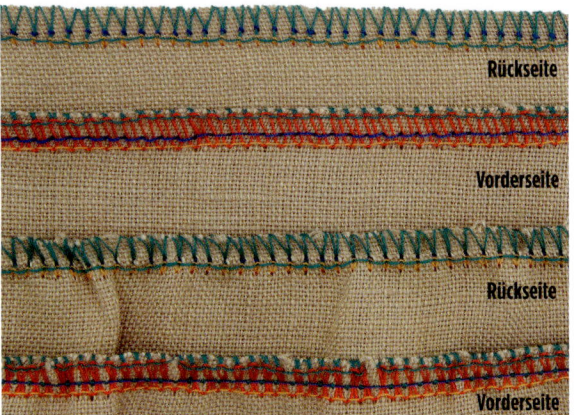

Rückseite

Vorderseite

Rückseite

Vorderseite

Linke Nadelspannung zu lose (obere Beispiele) und zu straff (untere Beispiele).

Rechte Nadelspannung zu lose (obere Beispiele) und zu straff (untere Beispiele).

Rückseite

Vorderseite

Rückseite

Vorderseite

Untergreifer-Spannung zu lose (obere Beispiele) und zu straff (untere Beispiele).

Rückseite

Vorderseite

Rückseite

Vorderseite

Obergreifer-Spannung zu lose (obere Beispiele) und zu straff (untere Beispiele).

Stichlänge festlegen

Auf fast alle Overlocks kann Stichlänge angepasst werden. Die Auswahl an verfügbaren Stichlängen hängt vom Modell ab, das Sie besitzen. Normalerweise variiert sie von 0,5–4 mm; manche Maschinen können aber auch kürzere oder länger Stiche setzen.

STICHLÄNGENEINSTELLUNG

Die Stichlänge lässt sich auf jedem Modell anders einstellen. In den meisten Fällen befindet sich ein Rad auf der rechten Seite der Maschine, bei einigen Modellen kann die Länge auch vorne, links oder innerhalb einer Greifer-Abdeckung angepasst werden. Sehen Sie hierfür in der Bedienungsanleitung nach. Das Rad kann nummeriert sein oder die Zeichen +/- enthalten. Wie bei der Nähmaschine bedeutet eine höhere Nummer einen längeren Stich. Auch der Buchstabe „R" findet sich auf einigen Rädern: Damit kann ein gerollter oder enger Saum angefertigt werden (siehe Seite 68).

Die Veränderung der Stichlänge ist weniger abschreckend als andere Einstellungen. Sie kann leicht zu ihrer ursprünglichen Position zurückgestellt werden, wenn der Stich nicht wie gewünscht aussieht. Die Standardeinstellung für die Länge ist als farblicher Streifen oder Linie am Rad gekennzeichnet. Normalerweise beträgt die Stichlänge für mittelschwere Stoffe 2,5 mm. Bei mehreren Fäden muss die Länge eventuell angepasst werden, besonders bei sperrigen Ziergarnen.

Tipps
• Verwenden Sie für schwere Stoffe oder Fäden eine längere Stichlänge und für leichtere eine kürzere. Chiffon benötigt einen etwas längeren Stich, obwohl er dünn ist – ansonsten könnten die Nädeln beschädigt oder der Stoff verzogen werden.
• Machen Sie immer zuerst einen Test, um zu sehen, wie die gewählte Stichlänge am Stoff aussieht.

Lange Stichlänge

Normale Stichlänge

Kurze Stichlänge

SPANNUNG

Das Verändern der Stichlänge bedeutet auch oft, dass die Spannung verstellt werden muss; besonders, wenn der Stich sehr kurz oder sehr lang ist. Kürzere Stiche benötigen eventuell mehr Spannung (höhere Nummer) auf den Nadel- und Greiferfäden, damit bei den einzelnen Stichen weniger Fäden durch die Maschine laufen. Ein längerer Stich fordert meist weniger Spannung (niedrigere Nummer), weil für jeden Stich mehr Faden benötigt wird und die Fäden so leichter durch die Maschine laufen können.

Enger Dreifaden-Rollsaum

Enges Dreifaden-Overlocken

Weites Vierfaden-Overlocken

DIE STICHBREITE ANPASSEN

Obwohl es hierfür kein spezielles Rad gibt, kann die Stichbreite zumindest auf irgendeine Art und Weise angepasst werden. Fortgeschrittenere Maschinen haben separate Räder oder verstellen die Breite für unterschiedliche Sticheinstellungen automatisch. Die Auswahl an verfügbaren Stichbreiten hängt vom Modell ab und kann zwischen 1,5 und 7,5 mm liegen. Für empfindlichere, feine Stoffe ist eine engere Stichbreite besser geeignet; leichtere Stoffe, speziell lose gewebte Fabrikate, benötigen eine größere Stichbreite, um die Kanten besser zu sichern.

Bei Maschinen ohne Räder zur Anpassung der Breite ist die einfachste Methode die Verwendung einer anderen Nadel. Benutzen Sie für den breitesten Stich die linke Nadel – entweder zusätzlich zur rechten für einen Vierfadenstich oder alleine für einen Zwei- oder Dreifadenstich. Für einen engeren Stich verwenden Sie die Nadel auf der rechten Seite, und verkleinern Sie den Abstand zwischen Klinge und Nadel.

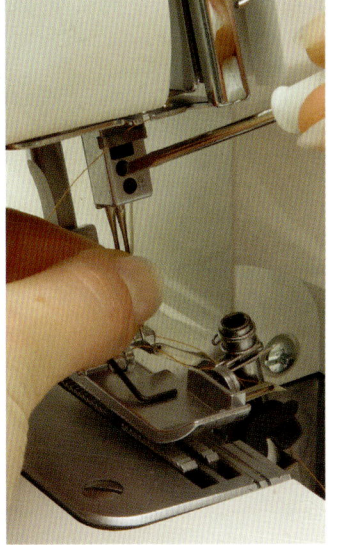

Entfernen Sie die linke Nadel, wenn Sie nur mit der rechten arbeiten (oder umgekehrt), um Nähprobleme zu vermeiden.

DEN STICHFINGER ANPASSEN

Der Stichfinger kann auf einigen Maschinen entfernt oder bewegt werden, um enge oder gerollte Säume anzufertigen. Der Stich wird dadurch enger und viel feiner. Überprüfen Sie, ob Ihre Maschine diese Funktion besitzt.

1 Schalten Sie die Maschine aus, bevor Sie die Einstellungen ändern. Öffnen Sie die Greifer-Abdeckung und die seitliche Abdeckung. Drücken Sie den Knopf auf der linken Seite und drehen Sie ihn, um die Messerklinge entfernen zu können.

2 Drücken Sie das Rad für die Schnittbreite nach rechts und schieben Sie den Knopf für die Nadelplatten-Einstellungen von „S" (Standard- Overlocken) zu „R" (Rollsaum). Dadurch kann der Stichfinger entfernt werden. Drücken Sie den Knopf auf der linken Seite erneut und drehen Sie ihn, um das Messer zu aktivieren. Schließen Sie die Abdeckungen.

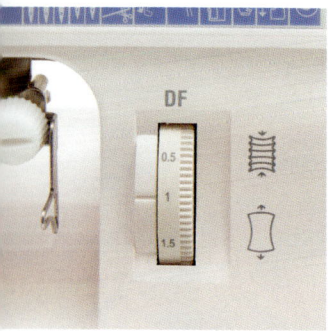

Differentialtransport-Rad an der
Vorderseite der Janome 1200D

Differentialtransport-Rad seitlich an
der Janome 9300DX

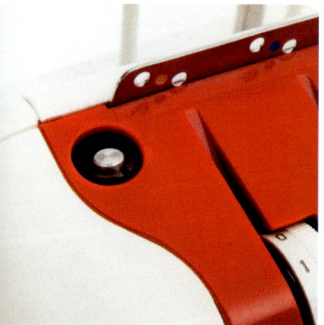

Schraube zur Anpassung des
Fußdrucks der Janome 9300DX

Fußdruck-Rad an der Oberseite der
Janome 1200D

Differentialtransport anpassen

**Nicht alle Maschinen verfügen über einen Differentialtransport, aber er ist hilf-
reich, um das beste Ergebnis für verschiedene Stoffe zu erzeugen. Die Räder des
Differentialtransports arbeiten in Verbindung mit den Stoffschieber-Zähnen. Eine
Overlock verfügt über zwei Sets dieser Zähne – an der Vorder- und an der Rückseite. Vorne führen sie den Stoff in die Maschine, indem sie ihn in Richtung und
unter den Fuß schieben. Hinten ziehen sie den Stoff aus der Maschine.**

DAS RAD EINSTELLEN

Eine Veränderung des Differentialtransports bedeutet, dass mehr oder
weniger Stoff aus der Maschine
geführt wird. Ungewünschtes Einkräu-
seln, eine Ausdehnung oder Verziehen
der Nähte und Säume kann so vermieden (oder erzeugt) werden. Wenn der
Differentialtransport falsch eingestellt
ist, kann die overlockte Kante gedehnt
oder gekräuselt werden. Das Rad für
den Transport kann verwendet werden, um diese Effekte zu erzeugen (z.
B. einen Salatrand für Rüschen an
diversen Fabrikaten). Überprüfen Sie
die Bedienungsanleitung, um herauszufinden, wo sich das Rad befindet.

Die Nummern darauf zeigen das
Verhältnis der Geschwindigkeiten von
Vorder- und Hinterzähnen. Alle Maschinen verfügen über eine neutrale Position, bei der beide Geschwindigkeiten
gleich sind (hier 1.0). Eine höhere
Nummer bedeutet, dass sich die Vorderzähne schneller bewegen als die
hinteren, wodurch ein gekräuselter
Effekt entsteht. Eine niedrigere Nummer heißt, dass sich die Vorderzähne
schneller bewegen, wodurch eine Dehnung an der Stoffkante entsteht.
Anpassungen des Differentialtransports haben bei leichten Stoffen eine
viel größere Auswirkung.

DEN FUSSDRUCK ANPASSEN

Für mittelschwere Stoffe muss der
Fußdruck normalerweise nicht angepasst werden. Schwerere Stoffe bewegen sich leichter und gleichmäßiger
durch die Maschine, wenn der Fuß
weniger Druck ausübt, während für
leichte Stoffe mehr Druck benötigt
wird, um ein flaches, nicht gekräuseltes Ergebnis zu erhalten. Nicht alle
Maschinen ermöglichen diese Option,
aber sie kann anstelle des Rades für
die Anpassung des Differentialtransports verwendet werden, um Kräuseln
oder Dehnungen an der Stoffkante zu
erzeugen.

Das Fußdruck-Rad ist normalerweise
sehr klein und an der Oberseite der
Maschine (über dem Fuß) zu finden.
Darauf befinden sich meist die Zeichen
„+" oder „-".

Wenn der Stoff nach dem Over-
locken gedehnt wirkt, sollten Sie den
Fußdruck verringern: Drehen Sie das
Rad in Richtung „-" oder zu einer nied-
rigeren Nummer. Verstellen Sie das
Rad nur ein wenig, nähen Sie und
überprüfen Sie das Ergebnis. Drehen
Sie es erneut, wenn die Naht oder der
Saum immer noch gedehnt ist.

Wenn der Stoff nach dem Overlocken gekräuselt wirkt, übt der Fuß
möglicherweise nicht genügend Druck
aus: Drehen Sie das Rad in Richtung
„+" oder zu einer höheren Nummer.
Dadurch erhöht sich der Druck und
das Ergebnis sollte eine gleichmäßige,
flache Naht ohne Kräuselung sein.

Der Differentialtransport wurde angepasst, um einen ausgeglichenen Stich zu erzielen.

MIT VERSCHIEDENEN STOFFEN ARBEITEN

Die meisten unkomplizierten Stoffe lassen sich ohne Kräuseln, Dehnen oder Verziehen nähen. Einige gestrickte Fabrikate können etwas kniffliger sein; möglicherweise müssen Sie Anpassungen vornehmen. Die Veränderung der Räder des Differentialtransports wirkt sich sehr stark auf diagonal geschnittene oder leichte Stoffe wie Jersey oder Chiffon aus.

KRÄUSELN DES STOFFES VERHINDERN

Wenn sich Ihr Stoff kräuselt, könnte der Differentialtransport zu hoch eingestellt sein. Die vorderen Stoffschieber-Zähne bewegen sich zu schnell und drücken zu viel Stoff in Richtung Nadel, während sich die hinteren Zähne zu langsam bewegen und sich der Stoff entlang der Kante kräuselt. Drehen Sie das Rad des Differentialtransports in Richtung „–" oder zu einer niedrigeren Nummer, um eine gleichmäßig overlockte Kante zu erhalten. Für ein gekräuseltes Ergebnis stellen Sie den Differentialtransport auf die höchste verfügbare Nummer.

Der Differentialtransport ist zu hoch eingestellt, was zu gekräuselten Stichen führt.

AUSDEHNEN DES STOFFES VERHINDERN

Wenn die overlockte Kante gedehnt wirkt, ist der Differentialtransport eventuell zu niedrig. Der Stoff wird zu langsam in die Maschine geführt und zu schnell wieder heraus – die Stoffkante wird stark gezogen und erscheint gewellt. Um dies zu beheben, drehen Sie das Rad des Differentialtransports in Richtung „+" oder zu einer höheren Nummer. Dadurch bewegen sich die vorderen Stoffschieber-Zähne schneller als die hinteren und verhindern ein Ausdehnen beim Overlocken.

Der Differentialtransport ist zu niedrig – entlang der overlockten Kante ist der Stoff gedehnt.

Kein Differentialtransport? Kein Problem.

Wenn Ihre Maschine keine Anpassungsmöglichkeit für den Differentialtransport besitzt, verwenden Sie das Rad für den Fußdruck, damit die Maschine besser mit unterschiedlichen Stoffen arbeiten kann. Ändern Sie den Druck nur ein wenig, machen Sie einen Testlauf und überprüfen Sie das Ergebnis. Passen Sie den Druck erneut an, bis eine flache Naht oder ein flacher Saum entsteht.

Bei leichteren Stoffen benötigen Sie mehr Druck, bei schweren Fabrikaten kann der Druck verringert werden. Überprüfen Sie in Ihrer Bedienungsanleitung, ob der Druck angepasst werden kann.

KAPITEL 2
Techniken

Jetzt, da Sie die Grundlagen im Griff haben, wird es Zeit, einige Techniken zu lernen. Wir starten ganz am Anfang, lernen, wo man vernäht, welcher Stich wann gewählt wird und wie ein einfacher Saum konstruiert wird. Daran anschließend finden Sie eine große Auswahl an Techniken – von Kreisen und Rundungen über falsche Saumbündchen bis zum Arbeiten mit Ziergarnen. Im Verlauf des Kapitels werden Sie in die Welt der Nähfüße und Zubehöre eintauchen und die aufregenden Techniken kennenlernen, die Sie mit diesen interessanten Extras durchführen können. Jede Nähtechnik enthält ein Feld mit Ideen zum Ausprobieren, das Sie zu dekorativen und praktischen Anwendungen inspirieren soll.

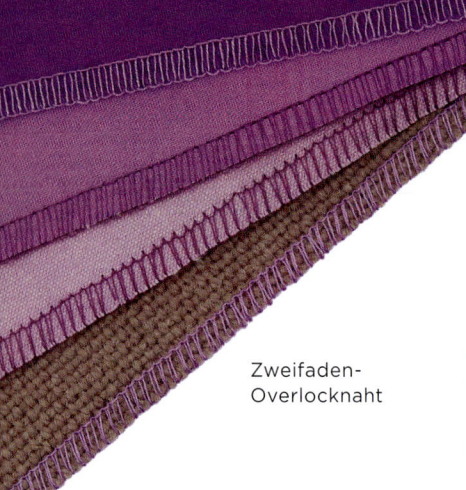

Zweifaden-
Overlocknaht

Grundstiche

Die Overlock ist eingerichtet und Sie hatten ein wenig Übung, um herauszufinden, wofür die unterschiedlichen Räder zuständig sind. Sie sind bereit für Ihr erstes Projekt.

WELCHEN STICH SOLLTEN SIE WÄHLEN?

Die verfügbaren Stiche hängen vom Overlock-Modell ab, das Sie besitzen, und von der Anzahl der Spulen, die die Maschine gleichzeitig halten und verwende kann. Die meisten Geräte bieten Drei- oder Vierfaden-Overlocknähte, wohingegen andere es erlauben, mit zwei oder auch fünf Fäden zu arbeiten.

	MASCHINENTYP	PASSENDE STOFFE	WIE DER STICH GESETZT WIRD
ZWEIFADEN-OVERLOCKNAHT	Aus dem Handbuch wird ersichtlich, ob der Stich für Ihre Maschine verfügbar ist. Einige Maschinen haben einen Zweifaden-Umwandler, der in den Obergreifer eingesetzt ist und es ermöglicht, mit nur zwei Fäden zu arbeiten.	• Durchsichtige Stoffe oder leichte Strickwaren: Säume oder Kantenbearbeitung. • Einzelne Schichten mittelschwerer Stoffe: Kantenbearbeitung.	Der Stich wird durch zwei Fäden erzeugt: einer stammt aus der Nadel, der andere aus dem Untergreifer.
DREIFADEN-OVERLOCKNAHT	Auf den meisten Maschinen verfügbar. Entfernen Sie eine der Nadeln für einen Dreifaden-Stich.	Für die meisten Stoffe geeignet. • Verwenden Sie die enge Einstellung für durchsichtige und leichte Stoffe und Bereiche mit einfachen Nähten. • Verwenden sie die weitere Einstellung für mittelschwere bis schwere Stoffe – diese ist sicherer.	• Der Stich entsteht durch die Fäden von einer Nadel und zwei Greifern. • Stiche können weiter oder enger eingestellt werden (je nachdem, ob die linke oder rechte Nadelposition gewählt wurde) • Beim Arbeiten mit nur drei Fäden entfernen Sie eine Nadel, um ungewünschte Löcher oder falsche Stiche im Stoff zu vermeiden.
VIERFADEN-OVERLOCKNAHT	Fast auf allen Maschinen verfügbar.	• Ideal für Strickwaren und Stretch-Stoffe oder mittelschwere bis schwere Stoffe – besonders, wenn die Säume unter Belastung stehen. • Für lockere, gewebte Stoffe, auf denen die zweite Linie mit Fäden die Nähte verstärkt.	Der Stich entsteht durch die Fäden von zwei Nadeln und zwei Greifern.
FÜNFFADEN-OVERLOCKNAHT	Nur für Maschinen, die fünf Fadenspulen halten und verwenden können.	Mittelschwere bis schwere Gewebe.	Fünf Fäden bilden einen sicheren Stich aus einem Ketten- und einem Overlock-Stich. • Kettenstich: Fäden einer Nadel und des Kettenstichgreifers. • Dreifaden-Overlockstich: Fäden der anderen Nadel und der Ober- und Untergreifer.

Dieser Abschnitt liefert Ihnen eine Übersicht über die Grundstiche der meisten Modelle. Anschließend werden fortgeschrittenere Stiche vorgestellt: siehe Rollsäume (Seiten 68–69) und Flatlock-Nähte (Seiten 74–75).

Dreifaden-Overlocknaht

VORTEILE	NACHTEILE
Nicht so sperrig und dehnbarer als Dreifaden-Stiche, weil weniger Fäden verwendet werden.	Die Fäden treffen einander an der Stoffkante und nicht an der Nahtlinie – der Stich kann auseinandergezogen werden, damit er flach ist. Eignet sich gut für Flatlock-Stiche, aber nicht für Nähte.
• Nicht so sperrig wie mit vier Fäden. • Kann weiter oder enger verstellt werden. • Schnell auftrennbar und entfernbar.	Verbleibt eine ungebrauchte Nadel an ihrem Platz, kann es zu unregelmäßigen Stichmustern oder Löchern im Stoff kommen.
• Es entstehen zwei Reihen mit Geradstichen – eine sichere Naht für widerstandsfähigere und langlebigere Nähprojekte. • Die Naht ist trotzdem dehnbar.	• Es wird mehr Zeit zum Auftrennen oder Entfernen benötigt. • Viele Fäden sind für die Stiche notwendig.
• Der Stich ist langlebiger als der Vierfaden-Overlockstich. • Exzellent für Nähte, die unter hoher Belastung stehen. • Höhere Flexibilität bei dekorativen Stichen.	• Der Stich ist kaum bis gar nicht dehnbar. • Fünf Fäden können sperrig und bei der Erzeugung kostspielig sein.

Vierfaden-Overlocknaht

Fünffaden-Overlocknaht

Einfache Nähte

Nähte sind ein Bestandteil eines jeden Nähprojektes. Unabhängig davon, welchen Typ Naht Sie wählen, müssen Sie sicherstellen, dass Sie groß genug zuschneiden, und genug Platz einplanen. Ansonsten könnte es sein, dass Sie beim vernähten Kleidungsstück, der Handtasche oder dem Kissen merken, dass sie zu klein geworden sind. Dieser zusätzliche Stoff auf einem Muster oder Stoffstück wird als Nahtzugabe bezeichnet.

NAHTZUGABE

Muster für Kleidung oder andere Nähprojekte haben meist eine Nahtzugabe von 1,5 cm entlang der Kanten aller Teile, auf denen eine Naht genäht werden muss. Die Anleitungen, die in Mustern oder Projekten enthalten sind, erläutern, welche Naht Sie verwenden und welche Nahtzugabe Sie wählen sollten. Fortgeschrittene Näher haben sicherlich schon eine einfache, gerade Naht mit korrekter Nahtzugabe gemeistert. Für eine Overlocknaht mit 1,5 cm Abstand von der Stoffkante kann ein wenig Übung benötigt werden, um die Stiche richtig zu setzen. Passen Sie auf, dass Sie die Kleidung nicht falsch platzieren – die Klinge könnte zu viel abschneiden.

WO SOLL ICH NÄHEN?

Eine gerade Naht ist am Anfang nicht immer leicht. Es es einfach, die gesamte Nahtzugabe abzuschneiden und zu weit zu nähen. Wenn Sie eine Naht haben möchten, die 1,5cm von der Stoffkante entfernt ist, platzieren Sie den Stoff nicht so, dass die Klinge entlang dieser Linie schneidet – die Naht würde viel kleiner werden.

Beim Anfertigen von Kleidung ist es sinnvoll, die Nähte zuerst an der Nähmaschine zu setzen, dann das Kleidungsstück anzuprobieren und Anpassungen vorzunehmen. Im Anschluss daran können Sie die Nahtzugabe mit der Overlock abschneiden und fertigstellen.

Eine Stoffführung sorgt für eine gerade Naht.

Tipps
• Nähen Sie die Naht zuerst auf der Nähmaschine und overlocken Sie dann die Nahtzugabe.
• Bei leicht ausfransenden Stoffen sollten Sie zuerst alle Stücke overlocken, bevor sie auf der Nähmaschine zusammengenäht werden.
• Beim Overlocken einer mit der Nähmaschine gesetzten Naht gilt als Faustregel, nur eine winzige Menge mit der Klinge abzuschneiden – nur so viel, damit ausfransende Kanten entfernt werden. Sie können die Nahtzugabe immer noch kleiner machen, indem Sie mehr abschneiden, aber vergrößern ist nicht mehr möglich.
• Verwenden Sie eine Stoffführung (links), um eine Naht gerade und gleichmäßig zu halten.

Stücke zusammenhalten
• Stecknadeln können verwendet werden, um Nähte zusammenzuhalten – Sie müssen diese jedoch entfernen, wenn sich der Stoff der Nadelplatte nähert. Benutzen Sie niemals Stecknadeln in der Nähe der Overlock-Klingen: Sie können nicht darübernähen. Die Klinge kann nicht durch das Metall schneiden und die Maschine könnte kaputtgehen.
• Es ist möglich, ohne Stecknadeln auf der Overlock zu nähen. Die Maschine hält zwei Stoffstücke zusammen und kann sie ohne Kräuseln oder starkem Ziehen an nur einer Schicht hindurchführen.
• Sie können kleine Wäscheklammern oder Büroklammern für sehr schwere Stoffe verwenden. Diese sollten vom Stoff entfernt werden, wenn sie sich dem Drückerfuß nähern.
• Heftbänder oder ein wasserlöslicher Kleber hält die Stoffkanten beim Overlocken zusammen; dieser eignet sich jedoch nicht für alle Stoffe. Manchmal benötigt die Methode mehr Zeit als das Heften mit Maschine oder Hand – und ein größeres Durcheinander kann entstehen! Machen Sie zuvor immer einen Test, um zu sehen, wie das Endergebnis aussieht, und lesen Sie die Anleitungen genau.

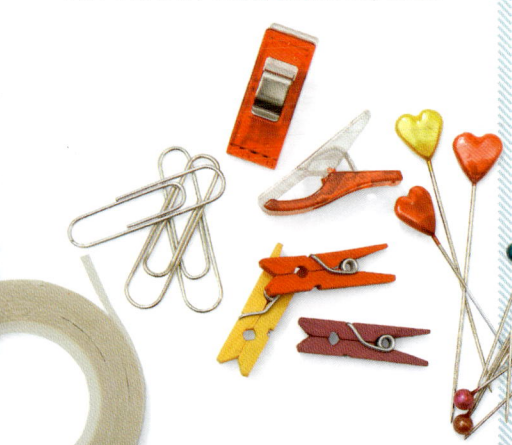

DIE NAHT AM RICHTIGEN PLATZ SETZEN

Wenn Sie die Overlock für eine schnelle Bearbeitung nutzen möchten oder einen Stoff verwenden, der besser für diese Maschine geeignet ist (wie Jersey und Strickwaren), gibt es einige Möglichkeiten, um die Naht am richtigen Platz zu setzen. Die folgenden Techniken erläutern mehrere Methoden, um eine gleichmäßige Naht zu erhalten. Sie können eine davon auswählen, die gut zu Ihnen und Ihrem Stoff passt. Je mehr Sie nähen, desto leichter wird es, eine 1,5 cm Nahtlinie zu beurteilen und den Stoff richtig zu platzieren.

DIE NAHTLINIE AUF DEM STOFF MARKIEREN

Schneiderkreide oder ein entfernbarer Markierstift eignen sich gut, um die Nahtlinie vor dem Overlocken zu markieren. Sie können auch mit der Hand oder der Maschine heften (siehe die Methoden auf dieser Seite), um eine Fadenlinie zu erhalten, mit der Sie arbeiten können.

Heften mit der Hand

Dies ist eine Alternative zum Heften mit einer Maschine. Wenn Sie einen Faden wählen, der farblich zum Stoff passt, müssen Sie ihn nicht auftrennen und entfernen. Die Methode eignet sich gut, um Stecknadeln zu vermeiden, aber die Linie wird – je nach Ihrem Können –nicht immer gerade. Verwenden Sie eine herausstechende Garnfarbe, wenn der Faden nach dem Nähen entfernt werden soll. Für Stoffe wie glatte Seide ist dies der beste Weg, um den Stoff für das Overlocken vorzubereiten.

HEFTEN MIT DER NÄHMASCHINE

Verwenden Sie einen Faden, um die Nahtlinie zu markieren – durch Heften mit der Nähmaschine. Dies stellt sicher, dass Sie mit der richtigen Nahtzugabe beginnen, bevor Sie overlocken und die Kante abschneiden. Die Methode kann schneller sein, als das Zeichnen einer Linie auf dem Stoff, und eignet sich gut für knifflige Stoffe wie Chiffon oder leichten Jersey. Sie benötigen auch keine Stecknadeln beim Overlocken und vermeiden daher ungewollten Schaden an der Messerklinge.

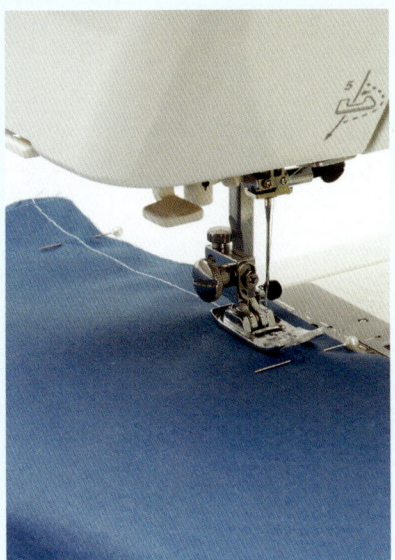

1 Heften Sie mit der Nähmaschine eine Naht (1,5 cm oder $5/8$ in von der Stoffkante). Stellen Sie dafür den längstmöglichen Stich ein und verwenden Sie die Orientierungshilfe auf der Nadelplatte. Benutzen Sie einen Faden, der zum Stoff passt – so müssen Sie ihn nach dem Overlocken nicht entfernen.

2 Overlocken Sie nun die Naht. Die Heftlinie sollte in einer Linie mit der linken Nadel sein. Beim Overlocken näht die linke Nadel auf der Heftlinie und die Klinge schneidet den restlichen Stoff ab. Eine Naht von etwa 5 mm verbleibt – abhängig von der Stichweite Ihrer Overlock (siehe Stichweite auf Seite 41).

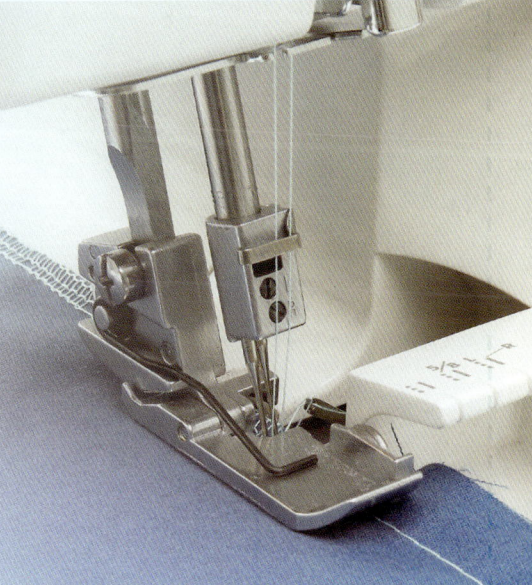

3 Sie müssen sicherstellen, dass die Naht auf der Heftlinie genäht wurde. Die Stiche sind groß und halten den Stoff nicht so eng zusammen wie beim normalen Nähen. Sie können also die Kante der Nahtzugabe nicht einfach abschneiden und den gehefteten Bereich als permanente Naht verwenden. Sichtbare Fäden können nach dem Overlocken entfernt werden.

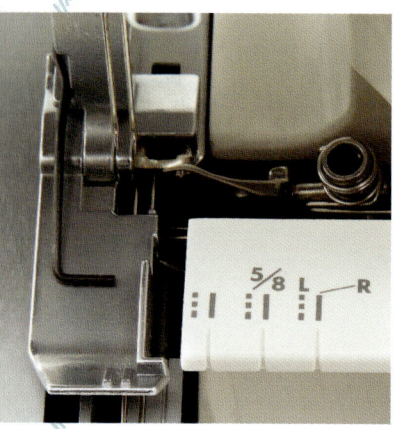

Nähvorgaben verwenden

Auf einigen Modellen finden sich auf der Abdeckung des rechten Greifers Nähvorgaben. Oft sind diese mit „L" oder „R" markiert, um den Abstand von der rechten und linken Nadel zu zeigen. Wenn Sie eine Naht mit 1,5 cm oder 5/8 in Abstand von der Stoffkante vernähen möchten, nutzen Sie diese Vorgaben, um den Stoff richtig zu platzieren. Sie müssen sich jedoch darauf einstellen, dass die Nahtlinie dort entsteht, wo die Nadel links die Naht setzt – und nicht, wo das Messer den Stoff schneidet. Das Messer schneidet den Rest des Stoffes ab und eine Naht mit einer Länge von 5 mm verbleibt. Es ist leicht, mit den Vorgaben auf der Nadelplatte einer Nähmaschine zu arbeiten, weil der Stoff flach auf der Platte liegt. Es ist hingegen nicht so einfach, die Vorgaben der Overlock zu verwenden, weil hier der Stoff nicht flach liegt und beginnt, sich umzufalten, wenn die Klinge schneidet. Zu Beginn könnten Sie daher einige der alternativen Methoden ausprobieren.

Wenn Sie keine Vorgaben auf Ihrer Maschine finden, messen Sie von Ihrer linken Nadel und verwenden Sie ein Abklebeband oder einen Stift, um eigene Vorgaben zu erstellen.

KANTENBEARBEITUNG

Die einfachste Naht wird mit einem Geradstich auf der Nähmaschine gesetzt. Normalerweise wird die Nahtzugabe oder die linke Schnittkante nach dem Nähen bearbeitet, damit der Stoff nicht ausfranst. Dafür gibt es mehrere Möglichkeiten – wie etwa ein Zickzachstich um die Kante oder das Schneiden mit einer Zickzackschere.

Mit einer Overlock können die Nähte und Kanten in einem Schritt bearbeitet werden. Das erscheint wie eine schnelle, einfache Option, aber, abhängig vom Projekt, ist es oftmals besser, die Naht zuerst mit einer Nähmaschine zu setzen und die Kante mit der Overlock zu bearbeiten.

Bei Kleidungsstücken müssen Sie zuerst die Nähte setzen und dann die Kante overlocken, wenn Sie kontrolliert haben, ob Sie auch richtig passen. Wenn Sie nur die Overlock verwenden, könnte es passieren, dass Sie die Nahtzugabe abschneiden und den zusätzlichen Teil nicht hinzufügen können, den Sie benötigen, damit die Kleidung sitzt!

EINE NAHT MIT EINER OVERLOCKTEN KANTE NÄHEN

MASCHINENEINSTELLUNGEN
Drei- oder Vierfaden-Overlocknaht

Fadenspannungen
Linke Nadel:	3
Rechte Nadel:	3
Obergreifer:	3
Untergreifer:	3

Stichlänge:	2–3
Stichbreite:	Beliebig
Messer:	Aktiviert
Fuß:	Standard

1 Legen Sie die Stoffteile zusammen und befestigen Sie sie rechtwinkelig an den Stoffkanten. Nähen Sie eine Naht and der Nähmaschine – 1,5 cm – beginnend von der Stoffkante. Markierungen auf der Nadelplatte der Maschine ermöglichen es, die Naht gerade zu halten.

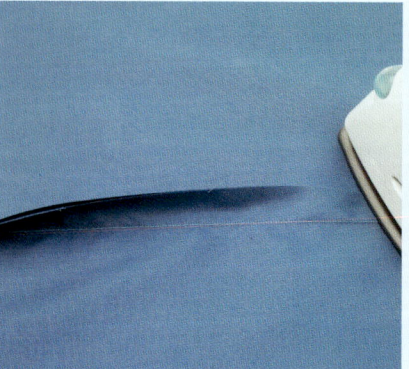

2 Bügeln Sie die Naht mit einem Bügeleisen auf eine Seite – kontrollieren Sie, ob die Einstellung zum gewählten Stoff passt.

SCHWERERE STOFFE VERWENDEN ODER EINE SPERRIGE NAHT VERHINDERN

Wenn Ihr Stoff schwer oder sperrig ist, müssen die Nahtzugaben eventuell getrennt overlockt werden (anstatt zusammen).

1 Legen Sie die Stoffstücke mit den rechten Seiten zusammen und befestigen Sie sie rechtwinkelig an den Stoffkanten. Setzen Sie eine Naht an der Nähmaschine – 1,5 cm von der Stoffkante entfernt. Auf der Nadelplatte sehen Sie Markierungen, die es ermöglichen, die Naht gerade zu halten.

2 Bügeln Sie die Nahtzugabe auf. Overlocken Sie jede Nahtzugabe separat und schneiden Sie nur die ausfransende Kante ab. Diese Methode eignet sich am besten für schwere Stoffe, wo eine sperrige Naht zu sehen wäre..

3 Overlocken Sie die Nahtzugabe oder die Schnittkante des Stoffes durch Abschneiden eines kleinen Stückes der Kante oder des ausfransenden Stoffteiles. Diese Art von Nahtbearbeitung ist optimal für leichte bis mittelschwere Stoffe oder wo sperrige Nähte nicht zu sehen sind (wie in einer Handtasche oder einem Kissen).

ZUM AUSPROBIEREN

1. **Mit schweren Stoffen arbeiten:** Zuerst an der Overlock bearbeiten und dann mit einer normalen Nähmaschine zusammennähen.

2. **Stabiles, aber zartes Finish:** Eine enge, overlockte Kante auf leichten bis mittelschweren Stoffen sorgt für ein sauberes Ergebnis und es werden weniger Faden als für den Vierfaden-Stich benötigt. Durch die Nähmaschine wird die Naht stabil, ohne dass ein zusätzlicher Faden der Overlock gebraucht wird.

3. **Nähte auf einem schweren Jeansrock:** Nähen Sie bei schweren Jeans- oder anderen sperrigen Stoffen zuerst an der Maschine und bügeln Sie dann die Naht in der Innenseite des Rocks auf. Overlocken Sie die Nahtzugaben separat. Das reduziert die Masse im Saum und an den Seiten der Kleidung.

4. **Nähte vermeiden:** Bei einem leichten Stoff können Sie die Naht bearbeiten, ohne zuerst an der Nähmaschine gearbeitet zu haben.

5. **Jersey-Nähte in den Griff bekommen:** Mit der Overlock können Jersey-Nähte leicht genäht werden. Die hier gezeigte Technik ermöglicht es, die Streifen perfekt anzupassen – und das ohne große Mühe.

Arbeiten mit schweren Stoffen

Wenn Sie eine flache, nicht sperrige Naht auf schweren Stoffen erzeugen möchten, kann es knifflig sein, die Naht flach zu bügeln und dann beide Nahtzugaben zu overlocken, weil für die Stoffe nicht immer genügend Platz unter dem Fuß ist. Overlocken Sie diese Stoffe zuerst getrennt und nähen Sie sie dann mit der Nähmaschine zusammen. Danach können sie gebügelt werden.

Nähte bügeln

Nähte sollten immer direkt nach dem Nähen gebügelt werden. Warten Sie nicht, bis das Kleidungsstück fertig ist, da das genaue Bügeln dann schwieriger ist.

Overlocken um Ecken

Sie haben nun die Basisnähte und -stiche auf der Overlock gemeistert – aber was machen Sie mit den Ecken? Auf einer Nähmaschine bleibt Nadel im Stoff und an einer Ecke wird gedreht, um über die Kante zu nähen, aber diese Technik funktioniert auf der Overlock nicht. Es gibt mehrere Methoden: Testen Sie sie, überprüfen Sie die Ergebnisse und verwenden Sie diejenige, welche am besten zu Ihnen und dem Stoff passt.

OVERLOCKEN VON ÄUSSEREN ECKEN

Manchmal muss eine äußere Ecke vernäht werden: um ein Stück Stoff für einen Tischläufer abzuschließen, bei einem Überwurf oder für die Kanten eines Tischsets. Probieren Sie die hier gezeigten Methoden aus und entscheiden Sie, mit welcher Sie am besten arbeiten können.

AUFHÖREN UND ERNEUT BEGINNEN

Ein einfacher Weg, um äußere Ecken zu overlocken, ist das Nähen entlang einer Kante, bis Sie das Ende erreichen. Ketteln Sie ab, schneiden Sie den Faden ab und beginnen Sie von vorne – mit dem Overlocken der nächsten Seite. Diese Methode ist einfach und sehr schnell, obwohl vielleicht einige Kettenenden zurückbleiben, die noch bearbeitet werden müssen.

1 Overlocken Sie eine Kante des Stoffes wie gewohnt, ketteln Sie am Ende ab und schneiden Sie den Faden ab. Keine Sorge beim Sichern der Nähfadenkette – Sie werden im nächsten Schritt mit der Overlock darübernähen.

2 Legen Sie den Stoff unter die Overlock, um zu nähen und die Kanten der zweiten Seite zu bearbeiten. Schneiden Sie zu Beginn die Nähfadenkette (Schritt 1) ab. Fahren Sie fort, bis die Kante fertig ist, ketteln Sie ab und schneiden Sie den Faden ab.

3 Nähen Sie nun entlang der dritten und letzten Kanten des Rechtecks; schneiden Sie zu Beginn die Nähfadenkette der vorherigen Seite ab. Wählen Sie eine passende Methode für das Sichern der Enden. Am Bild ganz oben auf der Seite wurden diese unter die Stiche eingefädelt (mithilfe einer Durchziehnadel).

FORTLAUFENDER STICH

Diese Methode ist ein wenig schwieriger, aber mit etwas Übung kann ein sauberes Finish entstehen. Nur eine Fadenkette wird nach der Bearbeitung zum Sichern verwendet.

1 Nähen Sie den ersten Stoff wie gewohnt, aber hören Sie auf, wenn Sie zur Kante gelangen. Fertigen Sie kein Endstück an, sondern setzen Sie nur noch einen Stich, wenn die Nadel sich nicht mehr am Stoff befindet.

2 Drehen Sie das Handrad in Ihre Richtung, um die Nadel aus dem Stoff herauszuheben und den Drückerfuß anzuheben.

FORTLAUFENDER STICH UND NAHTZUGABE

Wenn Sie an einem Projekt mit Nahtzugabe arbeiten und etwas von der Kante abschneiden müssen, damit diese genau bleibt, sollten Sie einen Bereich der Nahtzugabe beim Beginnen mit der zweiten Seite abschneiden, damit die nachfolgenden Stiche richtig gesetzt werden. Die Klinge kann den Stoff am Anfang der Reihe nicht abschneiden; daher müssen Sie die Kante im Vorhinein vorbereiten.

1 Schneiden Sie einen Bereich der Nahtzugabe von der Stoffkante der zweiten Seite ab, die Sie overlocken..

2 Nachdem Sie die erste Seite der Kanten fertiggestellt haben, lösen Sie den Nadelfaden, entfernen Sie die Nadel mit dem Handrad vom Stoff und heben Sie den Drückerfuß. Drehen Sie den Stoff und platzieren Sie die Naht so, dass Sie an der Stoffkante anliegt. Nähen Sie erneut. Die Messerklinge wird die Stoffkante weiter abschneiden – sie folgt derselben Linie, die Sie bereits abgeschnitten haben.

Tipps

• Wenn Sie mit der Methode des fortlaufenden Stiches arbeiten, sollten Sie nicht zu stark am Faden der Nadel ziehen. Dadurch kann eine Schlaufe in den Ecken des Nähprojekts entstehen.

• Für ein sauberes Finish an den Kanten müssen Sie scharfe Ecken zu Rundungen umformen und in einem Schritt um den Stoff herum arbeiten (ohne aufzuhören und wieder zu beginnen). So verbleibt nur eine unfertige Nähfadenkette, die mit einer Methode Ihrer Wahl fertiggestellt werden kann (siehe Enden versäubern und sichern, Seite 32).

3 Ziehen Sie am Faden der Nadel, um einen Durchhang zu erzeugen, und ziehen Sie den Faden herunter.

4 Drehen Sie den Stoff auf die nächste Seite und stechen Sie die Nadel hinein, bevor Sie den Drückerfuß absenken.

5 Nähen Sie auf diese Art um alle Kanten des Projektes, ketteln Sie eventuell ab und schneiden Sie den Faden ab. Sichern Sie die übrig gebliebene Nähfadenkette.

OVERLOCKEN VON INNEREN ECKEN

In manchen Fällen müssen Sie eventuell Innenecken bearbeiten. Das ist leichter als ein fortlaufender Stich an der Außenkante. Normalerweise wird der Stoff in einer geraden Linie genäht, von der inneren Ecke weggefaltet (damit er flach ist) und in einer Geraden mit der ursprünglichen Nahtlinie.

KANTENBEARBEITUNG BEI EINEM FORTLAUFENDEN STICH

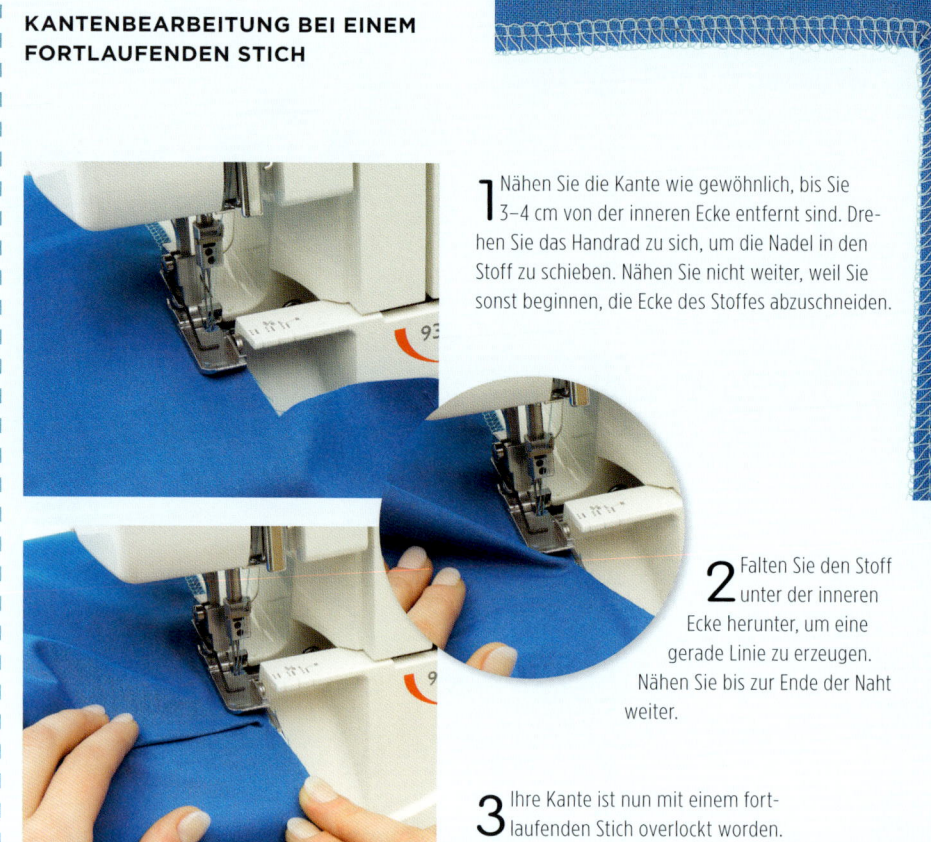

1 Nähen Sie die Kante wie gewöhnlich, bis Sie 3–4 cm von der inneren Ecke entfernt sind. Drehen Sie das Handrad zu sich, um die Nadel in den Stoff zu schieben. Nähen Sie nicht weiter, weil Sie sonst beginnen, die Ecke des Stoffes abzuschneiden.

2 Falten Sie den Stoff unter der inneren Ecke herunter, um eine gerade Linie zu erzeugen. Nähen Sie bis zur Ende der Naht weiter.

3 Ihre Kante ist nun mit einem fortlaufenden Stich overlockt worden.

EINE NAHT MIT EINEM FORTLAUFENDEN STICH OVERLOCKEN

Manchmal müssen Sie vielleicht die Nahtzugabe abschneiden, um eine Naht zu erzeugen – und dafür weiter in den Stoff hineinnähen als bei der Kantenbearbeitung. Diese Methode eignet sich auch besser für schwerere Stoffe.

1 Verstärken Sie die innere Ecke der Naht, indem Sie nur die Nahtlinie mit einem normalen Geradstich vernähen (mithilfe der Nähmaschine).

2 Schneiden Sie bis zur Nahtlinie in die Ecke hinein.

❶

❷

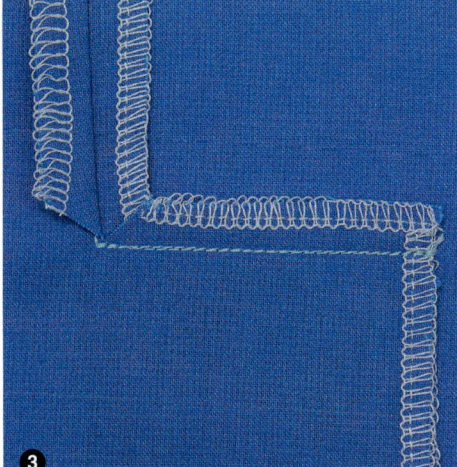

❸

❹

ZUM AUSPROBIEREN

1. **Kantenbearbeitung von Platzdeckchen und Tischtüchern:** Verwenden Sie die fortlaufende Nähtechnik (links) für ein saubereres Ergebnis mit nur einem Ende, das versäubert werden muss.

2. **Kreieren Sie einen dekorativen Ausschnitt:** Verwenden Sie einen fortlaufenden Stich, um ein makelloses Finish bei Ihrer Kleidung zu erzielen.

3. **Kantenbearbeitung entlang eines Faltenschlitzes:** Ein fortlaufender Stich eignet sich auch bei einem Faltenschlitz. Verwenden Sie die Technik für Röcke, Kleider und Jacken.

4. **Stopp und Start:** Wenn die Naht sich an der Innenseite befindet (wie bei diesem Kissenbezug), verwenden sie die Stopp-und-Start-Methode (Seite 52) für die Ecken. Das ist die leichteste Technik – und niemand wird den Unterschied merken!

3 Nähen Sie bis zur Ecke, ziehen Sie den Stoff zurück, um eine gerade Linie zu erzeugen, und nähen Sie dann bis zum Ende der Kante weiter.

Vorderseite

4 Das Ergebnis ist eine fortlaufend genähte Kante. Die verstärkte Nahtlinie ist unter dem Overlockfaden kaum zu erkennen.

Tipp
Bei Stoffen, die nicht leicht ausfransen, reißen oder aus starken Fasern bestehen, können verstärkte Nähte weggelassen und die Kante abgetrennt werden.

Rückseite

Rundungen, Kreise und Schläuche overlocken

Bei der Herstellung von Kleidungsstücken müssen Sie oft eine runde Kante overlocken – wie eine Blende für die Innenseite, ein Schlauch für Ärmel oder Beine, ein runder Ausschnitt oder eine Saumkante für einen Rock. Diese Dinge können mit der Overlock viel einfacher als mit der Nähmaschine bearbeitet werden. Der Overlockstich verhindert, dass sich die Kante dehnt, und kann eingeschlagen und auf einer Nähmaschine abgesteppt werden, um einen Saum oder Ausschnitt ohne Kräuselungen anzufertigen. Der Overlockstich dient auch als Orientierungshilfe beim Umschlagen eines Saumes.

Tipp

Wenn die overlockte Kante eingeschlagen und auf der Nähmaschine genäht wird, um einen Saum zu erzeugen, müssen Sie nur die Fadenenden abschneiden und ziehen. Hier wird keine zusätzliche Methode zum Sichern benötigt, weil die Overlock dazu verwendet werden kann.

LEGEN SIE LOS

Das Nähen entlang einer Rundung oder um einen Kreis herum kann anfangs etwas schwierig sein und bedarf etwas Übung. Es ist viel leichter, größere, breitere Rundungen zu nähen als kleinere, da eine breite Rundung beinahe gerade genäht werden kann. Beginnen Sie mit einer leichten Rundung, um mit dem Stoff und der Overlock zurecht zu kommen, bevor Sie sich an kleinere, engere Rundungen wagen. Hosenbeine und Schleifen benötigen eine Kantenbearbeitung: Sie verbleiben entweder als fertige Kante oder werden an der Nähmaschine gesäumt. Es kann manchmal schwierig sein, herauszufinden, an welcher Stelle des Schlauches Sie starten sollten oder wie Sie das Projekt am besten beenden.

IN KREISEN OVERLOCKEN

Es gibt zwei Haupttechniken, die verwendet werden können, wenn Sie die Naht an der Stelle beginnen, wo sie beendet wird. Die Methoden werden rechts und auf der nächsten Seite beschrieben. Die Wahl der Technik hängt davon ab, ob Sie die Nahtzugabe abschneiden oder nicht. Es kommt auch darauf an, wo sich die Kante befindet. Wenn Sie die Unterseite eines Rockes oder eine Tischunterlage einfassen und die bearbeitete Kante sichtbar ist, wäre eine wirklich saubere Bearbeitung vorzuziehen. Bei anderen Projekten, wie Ärmel- oder Hosensäumen, wird die Naht der Overlock eingeschlagen und erneut genäht – daher muss die Bearbeitung nicht ganz makellos erfolgen.

TECHNIK 1:
EINEN SCHLAUCHFÖRMIGEN STOFF OVERLOCKEN, OHNE ABZUSCHNEIDEN
Diese Technik ist ideal, um Ärmel und Hosenbeine herzustellen, wenn Sie keinen überschüssigen Stoff abschneiden möchten. Die Methode kann verwendet werden, um eine freiliegende Kante zu bearbeiten. Zum Versäubern des Saumes kann sie aber auch erneut umgeschlagen und auf der Nähmaschine genäht werden.

1 Beginnen Sie an einer Fügenaht an der Stoffkante zu nähen. Sie müssen den Fuß dafür nicht anheben; drücken Sie die Stoffkante in einem seitlichen Winkel hinauf zum Fuß und die Stoffschieber-Zähne werden den Stoff in die Maschine führen.

INNERE RUNDUNGEN OVER-LOCKEN

Um eine innere Rundung zu nähen, müssen Sie von einer Kante beginnen. Heben Sie den Fuß nicht an – drücken Sie nur den Stoff hinauf zu den Stoffschieber-Zähnen und die Maschine führt ihn unter die Nadel. Schieben Sie den Stoff beim Nähen in Richtung Klinge und legen Sie ihn so hin, dass die Naht gerade wird. Erzwingen Sie nicht, dass der Stoff unter dem Fuß liegt – sonst könnte er verzogen werden. Die fertige Overlock-Naht sollte flach sein und keine gewellte Kante aufweisen. Überprüfen Sie die Einstellungen der Maschine, wenn sich die Kante kräuselt.

Beim Nähen der inneren Rundungen sollten Sie auf die Nahtzugabe achten und versuchen, den Stoff langsam und gerade in die Maschine zu führen. Schneiden Sie mit der Klinge entlang der Rundung eine gleichmäßige Menge ab. Wenn Sie einen Rollsaum nähen oder das Messer entfernt haben, achten Sie darauf, dass die Stoffkante an derselben Stelle verbleibt – ansonsten könnte sie sich verziehen.

ÄUSSERE RUNDUNGEN OVERLOCKEN

Es braucht für äußere Rundungen mehr Übung als für innere, damit die Naht auf der Kante verbleibt. Nähen sie langsam, um den Stoff beim Einführen in die Maschine unter Kontrolle zu halten. Wenn Sie merken, dass der Stoff fehl am Platz ist, heben Sie den Fuß an, richten Sie ihn neu aus und nähen Sie weiter.

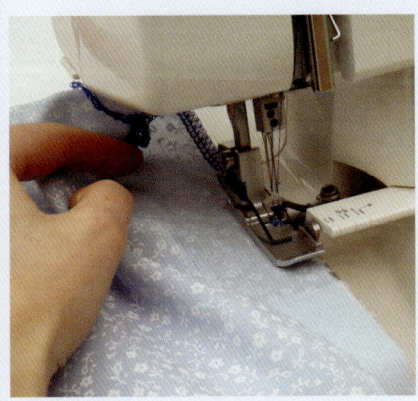

2 Nähen Sie weiter um den Schlauch herum, halten Sie dabei die Kanten gerade und schneiden Sie nur ausfransende Fäden ab.

3 Wenn Sie den Startpunkt wieder erreicht haben, overlocken Sie mit ein paar Stichen über den Anfang des Fadens. Ziehen Sie dann den Faden aus der Maschine und auf eine Seite und nähen Sie ein Kettenende, bevor Sie den Faden abschneiden und die Enden sichern.

4 Übernähen Sie für ein schönes Finish die Fäden am Anfang nur mit einem oder zwei Stichen. Heben Sie den Fuß und die Nadeln an. Ziehen Sie den Stoff unter dem Fuß heraus und ketteln Sie ab, ohne erneut am Stoff zu nähen. Schneiden Sie die Fäden ab. Fädeln Sie die Enden in eine Nadel ein und verbergen Sie sie unter der Naht. Schieben Sie den Faden in die linke Seite des Stoffes.

TECHNIK 2:
OVERLOCKEN UND DIE
NAHTZUGABE ABSCHNEIDEN

Um die Nahtzugabe um einen Schlauch, eine Rundung oder einen Kreis herum gleichmäßig abzuschneiden, gibt es zwei Methoden. Die erste ermöglicht ein sauberes Finish, weil die Stiche einander nicht so sehr überlappen. Verwenden Sie diese Technik für freiliegende Kanten wie dekorative Säume auf Röcken oder Ärmeln.

1 Schneiden Sie einen kleinen Bereich der Nahtzugabe (2–3 cm) von der geraden Kante ab.

2 Heben Sie den Fuß an und legen Sie den Stoff darunter, sodass Sie mit der Lücke im Stoff beginnen können. Senken Sie den Fuß ab und nähen Sie um die Stoffkante. Schneiden Sie dabei die Nahtzugabe ab.

3 Wenn Sie wieder den Anfang erreichen, overlocken Sie nur für ein paar Stiche, ketteln Sie ab und schneiden Sie die Fäden ab. Sichern Sie die Fäden, indem Sie sie zu einem Knoten binden und verwenden Sie eine Nadel, um die Fadenenden in die Overlocknaht zu schieben – jedoch nicht zu tief, denn dadurch kann die Kantenbearbeitung schlampig aussehen.

TECHNIK 2:
ALTERNATIVE METHODE

Für eine schnellere, aber weniger genaue Bearbeitung können Sie diese Methode verwenden. Sie eignet sich gut, wenn Sie eine Kante, die umgeschlagen und erneut genäht wird, schnell overlocken möchten. Wenn die Overlocknaht nicht zu sehen ist, muss auch die Bearbeitung nicht perfekt sein.

1 Markieren Sie die Nahtzugabe (5 cm) auf einem Teil des Stoffes, damit Sie sehen, wie viel Sie abschneiden werden.

2 Beginnen Sie mit abgesenktem Fuß zu overlocken und richten Sie ihn nach rechts aus. Schneiden Sie die Nahtzugabe schrittweise ab, bis die Klinge auf einer Linie mit der Markierung am Stoff liegt. Nähen Sie weiter und halten Sie die Stoffkante in einer Linie mit der Nahtlinienführung. Sie können ebenso Ihren Blick auf die Nahtlinie richten, damit sie gerade bleibt.

3 Overlocken Sie, bis Sie den Anfang erneut erreichen. Achten Sie auf die Linie auf dem Stoff, um sicherzustellen, dass Sie überall dieselbe Menge an Nahtzugabe abgeschnitten haben. Overlocken Sie über die ersten zwei oder drei Stiche und ziehen Sie dann den Stoff unter dem Fuß heraus. Ketteln Sie ab und schneiden Sie die Fäden ab. Sichern Sie die Fadenenden.

ZUM AUSPROBIEREN

1. **Kreise verzieren:** Overlocken Sie viele Stoffkreise und nähen Sie sie in der Mitte zusammen. Verwenden Sie die Rollsaum-Technik, um einen kurzen Stich zu setzen und einen Salatrand zu kreieren – so haben die Kreise mehr Umfang. Sie können als dekorative Blumen, Ansteckblumen für Handgelenke von Brautjungfern oder als Kopfschmuck verwendet werden. Fügen Sie feinen Draht in die Kante ein, um ihr mehr Form zu verleihen.

2. **Bündchen bearbeiten:** Verwenden Sie einen kontrastierenden Faden und eine enge Saumeinstellung, um Bündchen zu bearbeiten. Passen Sie den Differentialtransport und die Stichlänge für bessere Deckung und mehr Umfang an.

3. **Ärmel dekorieren:** Fügen Sie eine sich abhebende Saumkante an Ihre Ärmel an. Arbeiten Sie mit einem Rollsaum oder einem engen Saum.

4. **Einen dekorativen Saum annähen:** Verwenden Sie die enge Saumeinstellung der Nähmaschine, um einen Salatrand auf dem Saum eines Rockes zu erzeugen.

KREISE OVERLOCKEN

Um overlockte Stoffkreise zu erzeugen, sollten Sie für die Stoffkanten die enge Saumeinstellung und einen Zwei- oder Dreifaden-Overlockstich verwenden. Bei schwereren Stoffen eignet sich ein breiterer Stich besser. Sie müssen die Stoffkreise nicht zuerst ausschneiden – arbeiten Sie mit einer Vorlage aus Karton und lassen Sie die Overlock den Stoff schneiden.

1 Schneiden Sie Kreise aus Karton oder dickem Papier aus. Zeichnen Sie die Kreise mithilfe eines Zirkels, Tellers, Topfes oder einer Schüssel. Stecken oder kleben Sie die Kreise mit doppelseitigem Klebeband auf den Stoff.

2 Drücken Sie den Stoff hinauf zum Fuß und beginnen Sie zu nähen.

3 Nähen Sie nun auf der Overlock: Der Kreis sollte sich auf der linken Seite des Fußes befinden. Die Klinge schneidet überschüssigen Stoff ab.

4 Wenn Sie zu den ersten Stichen zurückkehren, overlocken Sie über zwei oder drei Stiche und ziehen Sie dann den Stoff auf der linken Seite heraus. Ketteln Sie ab und schneiden Sie die Fäden ab. Sichern Sie die Enden, indem Sie das Kettenende in die Overlockstiche auf der linken Seite des Stoffes einfädeln.

Einlagestreifen an der Schulternaht einer Jacke.

Die Nähte von klobigem, wollenem Stoff overlocken, bevor sie an der Nähmaschine genäht werden.

Eine Wulstnaht verleiht der Naht einer Handtasche zusätzliche Widerstandskraft.

Eine französische Naht sorgt für mehr Stabilität und eignet sich gut für Seidenblusen.

Tipp

Das Overlocken über ein Band kann Nähte sehr schön verzieren. Twillbänder gibt es meist nur in Schwarz oder Weiß – daher eignet sich ein knallbuntes Band, um den Nähten einen tollen Farbeffekt und auch Widerstandsfähigkeit zu verleihen.

Nähte stabilisieren

Die Nähte oder die fertigen Kanten mancher Projekte sollten über höhere Widerstandskraft und Stabilität verfügen. Das gilt besonders für Nähte, die stark beansprucht werden, wie Hosenschritte, Schulternähte oder Unterarmnähte bei Manteln. Auch Handtaschen brauchen eventuell stärkere Nähte, damit schwere Dinge damit getragen werden können. Die Kanten eines Kleidungsstückes benötigen am Ausschnitt und an der Taille mehr Stabilität.

EINLAGEN

Einlagen werden oft verwendet, um einem Aufschlag, Kragen oder Bund zu stabilisieren und Form zu verleihen. Sie sind in unterschiedlichen Gewichten und entweder zum Aufnähen oder zum Festbügeln erhältlich. Die Wahl der richtigen Einlage hängt vom verwendeten Stoff ab: Wählen Sie eine Einlage mit ähnlichem Gewicht. Streifen der Einlage können auf eine Naht aufgebügelt und anschließend mit der Overlock festgenäht werden.

NÄHEN MIT DER MASCHINE

Die Naht kann vor oder nach dem Overlocken an der Nähmaschine genäht werden und so noch widerstandsfähiger sein. Wulst-, Kapp- und französische Nähte (siehe Seiten 64–67) eignen sich ebenso für Nähprojekte, die mehr Stabilität benötigen: Sie können öfters getragen und gewaschen werden, ohne auseinanderzufallen.

TWILLBAND

Das Overlocken über ein Twillband, Garn oder ein normales Band verleiht einer Naht oder einer Stoffkante viel mehr Stabilität und Widerstandsfähigkeit. Je nach verwendeter Technik können die Bänder auch als Dekoration dienen.

EIN TWILLBAND VERWENDEN

EINSTELLUNGEN DER MASCHINE:
Drei- oder Vierfaden-Overlockstich (mit einer der Nadeln)

Fadenspannungen

Linke Nadel:	3
Rechte Nadel:	3
Untergreifer	3
Obermesser:	3

Stichlänge:	2–3 – je nach Stoffwahl
Stichbreite:	Je nach Stichtyp
Messer:	Aktiviert
Fuß:	Standard- oder Bändchenfuß

1 Platzieren Sie das Twillband so, dass es genau entlang der Nahtlinie aufliegt.

ZUM AUSPROBIEREN

1. Eine Handtasche mit Bändern schmücken: Verwenden Sie ein Ripsband für den äußeren Teil einer Handtasche, um die Nähte zu verstärken und die Tasche zu verzieren.

2. Ein Schrägband entlang eines Ausschnits verwenden: Schrägbandstreifen eignen sich toll für Rundungen und sorgen für Dekoration. Hier wurde ein zusätzlicher Streifen zwischen die Schichten eingefügt.

3. Garn zum Stabilisieren verwenden: Ein buntes, grobes Garn wird mit der Overlock an der Naht angebracht und sorgt für Widerstandsfähigkeit und Dekoration.

4. Eine Einfassung mit dem Überdeckstich hinzufügen: Schrägbänder werden mit einem Überdeckstich befestigt, damit sich die Kante eines Ausschnitts nicht ausdehnt.

5. Eine Einfassung an der Kante einer Hosentasche kreieren: Verstärken Sie Hosentaschen und erzeugen Sie gleichzeitig einen dekorativen Rand.

6. Eine Handtasche verzieren: Verwenden Sie breite Zackenlitze, um die Naht einer Handtasche zu festigen und eine Kante zu schmücken.

7. Ein Trikotband verwenden: Wenn Sie mit Jersey oder Stretch-Stoffen arbeiten, können Sie die Nähte mit einem Trikotband festigen. Das Band ist ideal für Unterwäsche, Nachtwäsche oder T-Shirts.

8. Über Bänder overlocken: Für mehr Widerstandsfähigkeit und Dekoration können sie über Bänder overlocken. Auf der Innen- oder Außenseite eines Nähprojekts entstehen schön verzierte Nähte.

3 Die fertige Naht ist stabil und beanspruchbar und verbleibt sicher am Platz.

2 Overlocken Sie wie gewohnt. Die Stiche fixieren das Twillband, wenn Sie über ein enges oder durch ein breites Band nähen. Schneiden Sie nur ausfransende Kanten ab.

Falsche Saumbündchen

Ein Saum lässt sich mit falschen Saumbündchen schnell und einfache bearbeiten. Es scheint, als wäre ein separates Band eines passenden Stoffes an die Kante des Nähprojektes oder Kleidungsstückes angenäht worden. Das Bündchen lässt sich jedoch sehr viel einfacher herstellen. Verwenden Sie diese Technik, um Kleidungsstücke mit Leichtigkeit zu bearbeiten und es so aussehen zu lassen, als wäre ein Bündchen auf einem Ärmel oder ein Stoffband auf der Unterseite eines Tops, Rockes oder Kleides befestigt worden.

❶

WARUM ICH EIN FALSCHES SAUMBÜNDCHEN NÄHE
Das falsche Saumbündchen kann als einfache Alternative zum Blindsaum (siehe Seiten 84–85) gewählt werden. Ein Blindsaum ist auf der rechten Stoffseite kaum sichtbar, aber seine Herstellung kann schwierig sein. Das falsche Saumbündchen ist nicht unsichtbar; ein unsichtbarer Saum lässt sich so jedoch in kürzester Zeit herstellen.

Die Technik eignet sich wirklich gut für Jersey-Stoffe, wo das Einsäumen oftmals etwas knifflig ist. Das falsche Saumbündchen erfordet nicht so viel Genauigkeit beim Nähen des Saumes. Wenn Sie ein Projekt schnell bearbeiten möchten oder noch ein Neuling an der Overlock sind, ist diese Methode also genau das Richtige für Sie! Ein falsches Saumbündchen kann mit einem Standard-Fuß genäht werden; Sie benötigen also keine Zusatzteile.

❹

EIN FALSCHES SAUMBÜNDCHEN ANFERTIGEN

EINSTELLUNGEN DER MASCHINE:
Vier- oder Dreifaden-Overlockstich (mit einer der Nadeln)

Fadenspannungen	
Linke Nadel:	3
Rechte Nadel:	3
Obergreifer:	3
Untergreifer:	3
Stichlänge:	2–3
Stichbreite:	Je nach Saum - breiter für schwere und enger für leichte bis mittelschwere Stoffe
Knife:	Aktiviert
Foot:	Standard

1 Drehen Sie die Stoffkante auf die linke Seite. Stellen Sie sicher, dass die Kante entlang des Saums gerade ist. Stecken Sie den Saum fest.

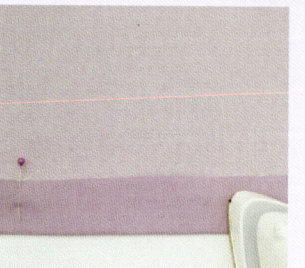

2 Bügeln Sie den Saum und nehmen Sie dabei die Stecknadeln heraus, damit Sie den Stoff nicht markieren oder einbeulen.

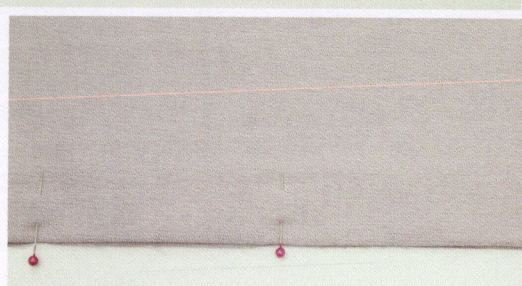

3 Drehen Sie die gefaltete Saumkante zurück in Richtung rechter Stoffseite, sodass die Schnittkante des Stoffes auf gleicher Höhe mit der neuen Falte liegt. Stecken Sie alles fest.

ZUM AUSPROBIEREN

1. Einen Ärmelaufschlag mit Bändern dekorieren: Schließen Sie einige Bänder zwischen den rechten Stoffseiten in der gefalteten Kante ein, falls Sie Schritt 3 (Seite 62) folgen. Overlocken Sie den Saum und falten Sie ihn wieder zurück.

2. Eine Krause hinzufügen: Overlocken Sie die Kante und kräuseln Sie ein Stück Stoff, bevor Sie es in die gefaltete Kante einfügen – siehe Schritt 3 (Seite 62).

3. Die Technik umkehren: Falten Sie den Stoff in die gegensätzliche Richtung und lassen Sie die linke Seite auf der rechten Seite erscheinen.

4. Mit Falten arbeiten: Fügen Sie Stoffen Falten über dem Saum hinzu, um ihnen ein besonderes Merkmal zu verleihen.

5. Eine Hosentasche aufpeppen: Die andere Seite der Technik wird verwendet, um den Ziergarn zur Geltung zu bringen.

6. Einen Jersey-Rock bearbeiten: Verwenden Sie ein falsches Saumbündchen für einen Jersey-Rock und bearbeiten Sie ihn so einfach und schnell.

4 Legen Sie den Stoff für das Nähen so auf, dass sich die Schnittkante nahe an der Schnittklinge befindet. Positionieren Sie den Stoff so, dass die Nadel in die Falte hineinnäht und nur die ausfransenden Fäden abgeschnitten werden. Vergessen Sie nicht, die Stecknadeln beim Nähen zu entfernen.

5 Nähen Sie gleichmäßig entlang der Kante und halten Sie dabei die Overlocknaht gerade. Wenn Sie den Saum bearbeitet haben, ketteln Sie ab, schneiden Sie den Faden ab und sichern Sie die Enden. Öffnen Sie die Falte und legen Sie den Stoff flach auf. Bügeln Sie die Saumstiche hinauf und weg von der Falte des Saumes.

Rückseite

Vorderseite

Französische Nähte

Eine französische Naht ist eine sich selbst umschließende Naht, bei der die Nahtzugabe beim letzten Vernähen gebunden wird. Weil die Naht zweimal genäht wird, ist sie widerstandsfähiger und strapazierfähiger.

Tipps
• Testen Sie die Technik zuerst. Wenn die Nahtzugaben korrekt bleiben sollen, müssen Sie sicherstellen, dass Sie den ersten Teil nicht mit einer zu breiten Sticheinstellung nähen.
• Verwenden Sie für durchsichtige Stoffe einen Faden mit derselben oder einer ähnlichen Farbe. So sollten die Overlockstiche durch den Stoff nicht zu sehen sein.

Die Einstellung für den Kettenstich verwenden
Wenn Ihre Maschine diese Einstellung hat, können Sie für die Nahtlinien die Overlock statt der Nähmaschine verwenden. Auf Seite 72 erhalten Sie mehr Informationen zum Kettenstich.

WANN EINE FRANZÖSISCHE NAHT VERWENDET WIRD
Eine französische Naht (oder Rechtslinksnaht) wird zuerst von der rechten Seite und dann erneut von der linken Seite genäht. Benutzen Sie für die erste Nahtlinie die Overlock genäht und für die zweite die Nähmaschine. Die Technik eignet sich optimal für durchsichtige Stoffe, bei denen der Faden nicht durch den Stoff durchscheinen soll, oder für sichtbare Nähte auf ungefütterten Kleidungsstücken (wie etwa Jacken). Auch für Kinderkleidung kann die Naht verwendet werden, weil der Faden der Nahtzugabe nicht an der Haut reibt. Die Technik verstärkt Nähte zusätzlich, damit sie öfters gewaschen und getragen werden können. Bei der Herstellung von Geldbörsen sollten Sie das Innere sauber halten, damit Sie es nicht auskleiden müssen. Sie können Ihre Handtaschen ebenfalls doppelseitig anfertigen, weil die französische Naht sich für die Innenseite einer Tasche gut eignet.

EINE FRANZÖSISCHE NAHT OVERLOCKEN

1 Legen Sie die Stoffteile mit den linken Seiten zusammen und nähen Sie die Kante mit einem Dreifaden-Overlockstich. Ein Vierfaden-Stich erzeugt eine breitere Naht, die schweren Stoffen mehr Widerstandsfähigkeit verleiht. Für eine wirklich enge Bearbeitung auf durchsichtigen Stoffen eignet sich ein Zweifaden-Overlockstich.

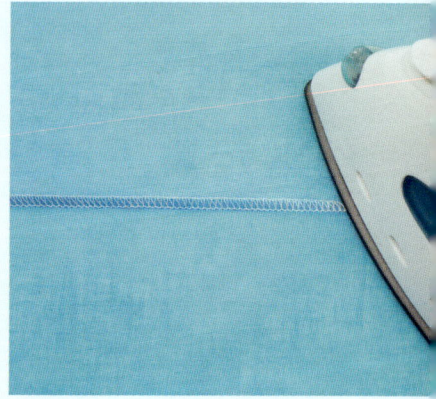

2 Bügeln Sie die Naht flach, um die Stiche einzubetten, und bügeln Sie sie auf eine Seite.

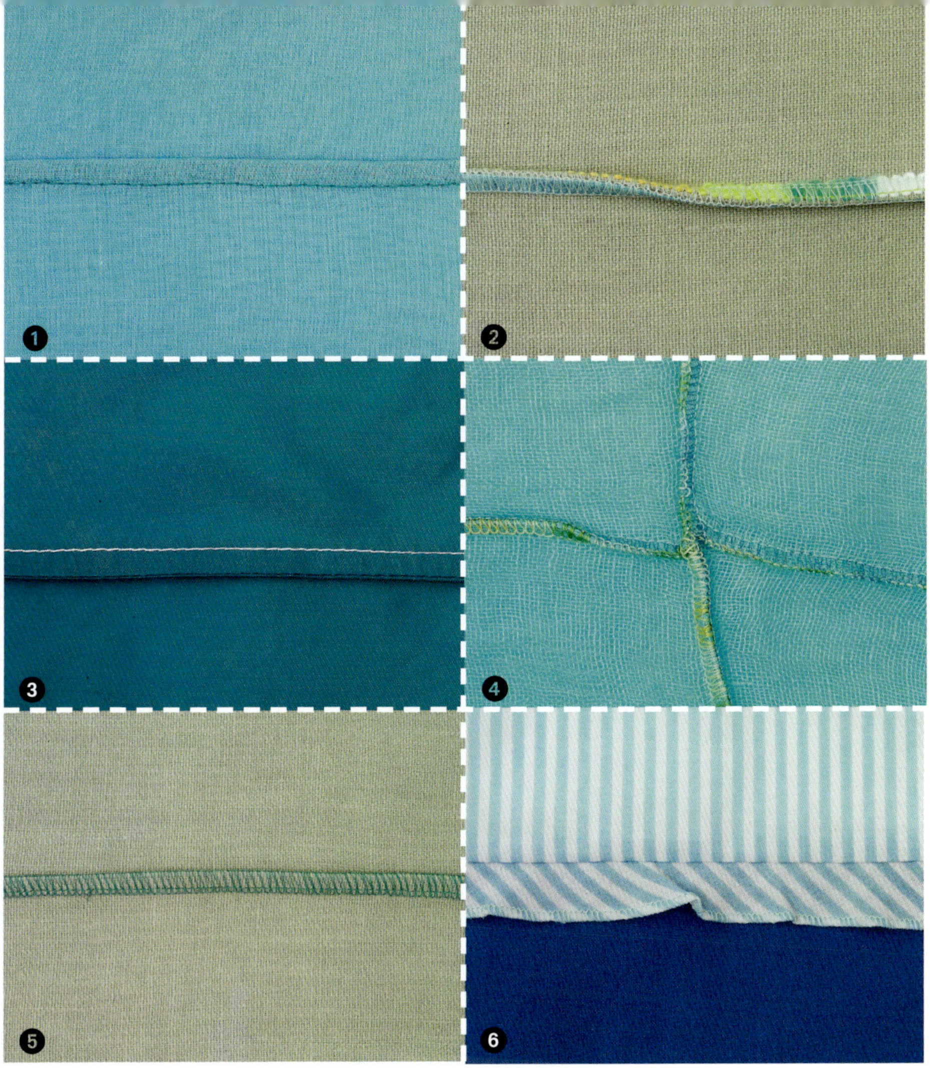

❶

❷

❸

❹

❺

❻

ZUM AUSPROBIEREN

1. **Ein feines Finish erzeugen:** Verwenden Sie den Zweifaden-Overlockstich und nähen Sie erneut auf der Nähmaschine. Die Technik wird hier für eine Kaftan-Naht verwendet.

2. **Eine angehobene französische Naht erzeugen:** Nähen Sie die Naht zuerst mit einem Zwei- oder Dreifaden-Overlockstich und verwenden Sie dann einen Vierfaden-Overlockstich. Hier wurde ein schweres Garn für den Obergreifer verwendet, um einer Seite der Naht mehr Farbe zu verleihen. Auf der anderen Seite der Naht wurde über ein Band genäht.

3. **Leichtes Futter bearbeiten:** Arbeiten Sie mit einem Dreifaden-Overlockstich und der Nähmaschine für ein sauberes Ergebnis.

4. **Eine dekorative Handtaschen-Naht anfertigen:** Nähen Sie zunächst die rechten Seiten zusammen und bearbeiten Sie die umschlossene Naht von außen.

5. **Eine angehobene Naht kreieren:** Overlocken Sie die Naht für mehr Widerstandsfähigkeit zweimal: zuerst von außen, dann erneut von innen. Die Technik eignet sich gut für Handtaschen oder Nähte, die mehr Widerstandsfähigkeit erhalten sollen.

6. **Eine Krause einfügen:** Fügen Sie die Krause in Schritt 1 (Seite 64) ein, indem Sie sie mit der linken Seite auf die rechte Stoffseite legen. Die Schnittkante wird in Schritt 4 (unten) umschlossen und innerhalb der Naht gesichert.

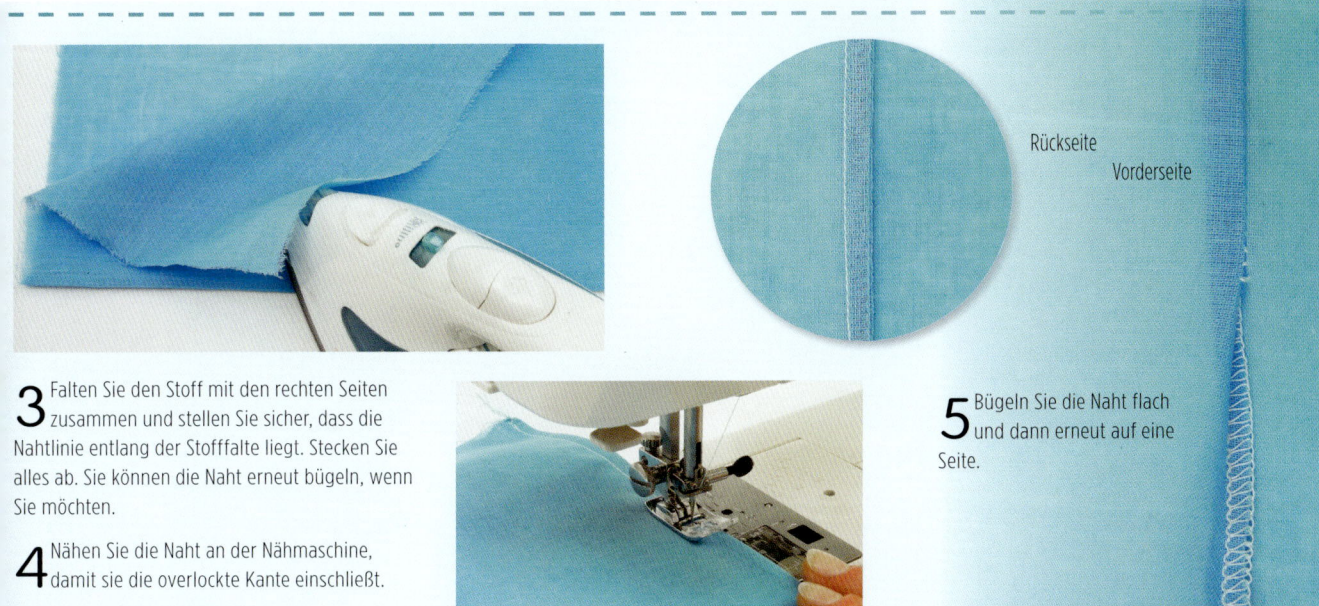

Rückseite

Vorderseite

3 Falten Sie den Stoff mit den rechten Seiten zusammen und stellen Sie sicher, dass die Nahtlinie entlang der Stofffalte liegt. Stecken Sie alles ab. Sie können die Naht erneut bügeln, wenn Sie möchten.

4 Nähen Sie die Naht an der Nähmaschine, damit sie die overlockte Kante einschließt.

5 Bügeln Sie die Naht flach und dann erneut auf eine Seite.

Wulst- und Kappnähte

Wulst- und Kappnähte eignen sich gut, um auf einem Kleidungsstück oder einer Tasche für zusätzliche Widerstandsfähigkeit zu sorgen.Diese Naht lässt isch meist auf Jeans, Sportkleidung oder anderen Stücken finden, die strapazierfähiger sein sollen.

EINE WULST- ODER KAPPNAHT WÄHLEN

Um diese Nahttypen zu kreieren, benötigen Sie sowohl Nähmaschine als auch Overlock – außer Sie besitzen eine Maschine, die einen Ketten- oder Überdeckstich nähen kann (dann können diese Einstellungen verwendet werden). Diese zwei Nahttypen werden oft verwechselt, weil sie im fertigen Zustand fast identisch aussehen können. Die Wulstnaht wird zuerst mit den rechten Seiten zusammen genäht, die Kappnaht hingegen mit den linken. Die Rückseite der Kappnaht sieht meist sauberer aus als die der Wulstnaht.

Wulstnähte werden im Inneren oder auf der linken Seite eines Projekts verwendet. Sie können die Naht von massigen Stoffen zuerst mit der Nähmaschine nähen oder gleich mit den rechten Seiten aufeinander overlocken, bügeln und die Naht flach absteppen.

Eine Kappnaht wird an der Außenseite oder der rechten Seite eines Projektes kreiert. Sie hat das Aussehen einer Flatlock-Naht (siehe Seiten 74–75) und eignet sich für schwere Stoffe, die nicht flach liegen wollen oder leicht ausfransen. Nähen Sie alternativ zuerst an der Nähmaschine, schneiden Sie eine Seite der Nahtzugabe ab (wie für die Wulstnaht gezeigt) und falten Sie die breitere Nahtzugabe darüber. Falten Sie anschließend an der Schnittkante und umschließen Sie die abgeschnittene Kante.

Tipp

Verwenden Sie einen schmelzbaren Faden für den Untergreifer. Sie müssen die Naht eventuell nicht mehr absteppen, wenn sie auf eine Seite gebügelt wurde. Legen Sie beim Bügeln Wachspapier über die Overlock-Naht, damit die schmelzbaren Faden nicht auf dem Bügeleisen kleben bleiben.

EINE KAPPNAHT ANFERTIGEN

1 Legen Sie die linken Stoffseiten aufeinander und overlocken Sie die Naht mit drei oder vier Fäden, je nach gewünschter Stärke der Naht.

2 Bügeln Sie die Overlocknaht auf eine Seite und verwenden Sie die Nähmaschine, um die Naht abzusteppen. Nähen Sie nahe an der Stoffkante.

EINE WULSTNAHT ANFERTIGEN

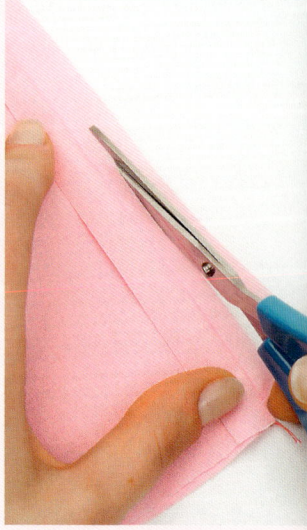

1 Legen Sie die rechten Stoffseiten zusammen und nähen sie eine 1,5 cm lange Naht mit der Nähmaschine.

2 Schneiden Sie die Nahtzugabe auf 6 mm ab.

ZUM AUSPROBIEREN

1. **Sauberes Finish für die Kappnaht:** Schlagen Sie die overlockte Kante so ein, dass die Nahtzugabe umschlossen ist. Nähen Sie sie dann eine Flachnaht auf der Nähmaschine.

2. **Bunte Fäden ausprobieren:** Nähen Sie die Kante mit der Overlock und der Nähmaschine und verzieren Sie sie mit diversen Fäden.

3. **Dreifaches Absteppen:** Kreieren Sie mit einer Überdeckstichmaschine drei Reihen verschiedenfarbiger Stiche. Sie sichern die Nähte und sorgen für Dekoration.

4. **Feinheiten hinzufügen:** Verwenden Sie eine Wulstnaht für die Stoffbahn eines T-Shirts.

5. **Eine Spitze anbringen:** Dekorieren Sie einen Stoff mit einer Spitze, die Sie unter die gefaltete Kante einer Kappnaht platzieren und dann festnähen.

6. **Mit einem Kettenstich abschließen:** Kombinieren Sie für Rocknähte die Wulstnaht mit einem Kettenstich.

Tipp
Wenn Ihre Overlock eine Kettenstich-Einstellung besitzt, verwenden Sie diese zum Absteppen. Sie können als Alternative dazu Einstellung für Überdeckstiche nutzen und mehrere Reihen in einem Schritt nähen.

3 Overlocken Sie die andere Nahtzugabe mit drei oder vier Fäden. Schneiden Sie nur ausfransende Fäden ab.

4 Bügeln Sie die Nahtzugabe auf eine Seite. Die overlockte Naht sollte sich ganz oben befinden.

5 Nähen Sie die Naht mit der Nähmaschine fest. Bleiben Sie dabei in der Nähe der overlockten Kante.

6 Für mehr Widerstandsfähigkeit oder als Dekoration können Sie am Ende absteppen.

Rollsäumen

Manchmal wird für einen Saum oder zum Verzieren eines Kleidungsstückes ein enger Stich benötigt. Ein Rollsaum eignet sich am besten für leichte bis mittelschwere Stoffe und ermöglicht eine feine, aber doch starke Kantenbearbeitung. Die meisten Overlocks haben eine spezielle Einstellung zum Herstellen eines Rollsaumes, die relativ einfach angepasst werden kann. Der Stich wird aus der rechten Nadel und einem oder zwei Greifern gebildet. Meist besteht ein Rollsaum aus drei Fäden. Entfernen Sie die linke Nadel und überprüfen Sie, ob der Stich korrekt aussieht und die Nadel keine ungewünschten Löcher im Stoff zurücklässt.

DIE MASCHINE EINSTELLEN

Die meisten Maschinen haben einen entfernbaren Stichfinger, der mit einem Hebel weggenommen werden kann, um eine enge Stichbreite einzustellen. Die rechte Nadel sollte mit einem etwas engeren Stich arbeiten und der Faden des Untergreifers straff gezogen werden. Dieser Faden zieht den Faden des Obergreifers auf die Hinterseite des Stoffes und rollt die Stoffkante zur selben Zeit. Wenn der Untergreifer loser eingestellt wird, entsteht ein enger Saum ohne Rollkante.

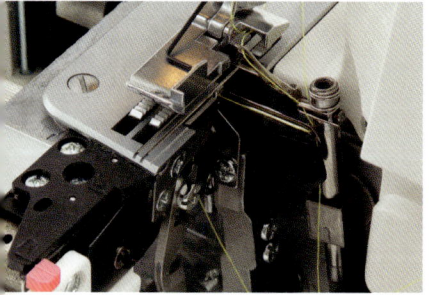

Suchen Sie in Ihrem Handbuch nach Anleitungen, um den Stichfinger Ihrer Maschine zu entfernen. Auf dieser Janome 9300X muss die Messerklinge gelöst werden, bevor Sie den pinken Einstellknopf für die Nadelplatte von „S" (Standard-Overlocken/oben) auf „R" (Rollsaum/unten) verschieben können.

Das Messer wird vor dem Overlocken wieder aktiviert. Andere Maschinen besitzen unterschiedliche Mechanismen, mit denen der Stichfinger bewegt werden kann, ohne das Messer zuerst entfernen zu müssen.

Zwei- oder Dreifaden-Overlocken?

Wenn Ihnen die Bearbeitung des gewählten Stoffes mit der Dreifaden-Rollsaum-Einstellung nicht gefällt, arbeiten Sie mit zwei Fäden und überprüfen Sie dieses Ergebnis.

EINEN ROLLSAUM NÄHEN

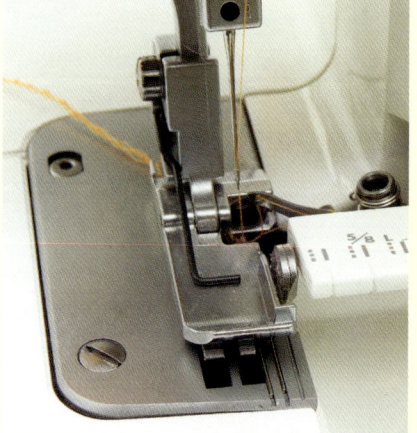

EINSTELLUNGEN DER MASCHINE
Zwei- oder Dreifaden-Overlockstich
(mit der rechten Nadel)

Fadenspannungen

Rechte Nadel:	4
Obergreifer:	3
Untergreifer:	7
Stichlänge:	R
Stichbreite:	Eng
Messer:	Aktiviert
Fuß:	Standardfuß

1 Halten Sie sich an Ihre Bedienungsanleitung und stellen Sie die Maschine auf Rollsäumen ein: Passen Sie die Spannungsräder an und entfernen Sie den Stichfinger wenn notwendig.

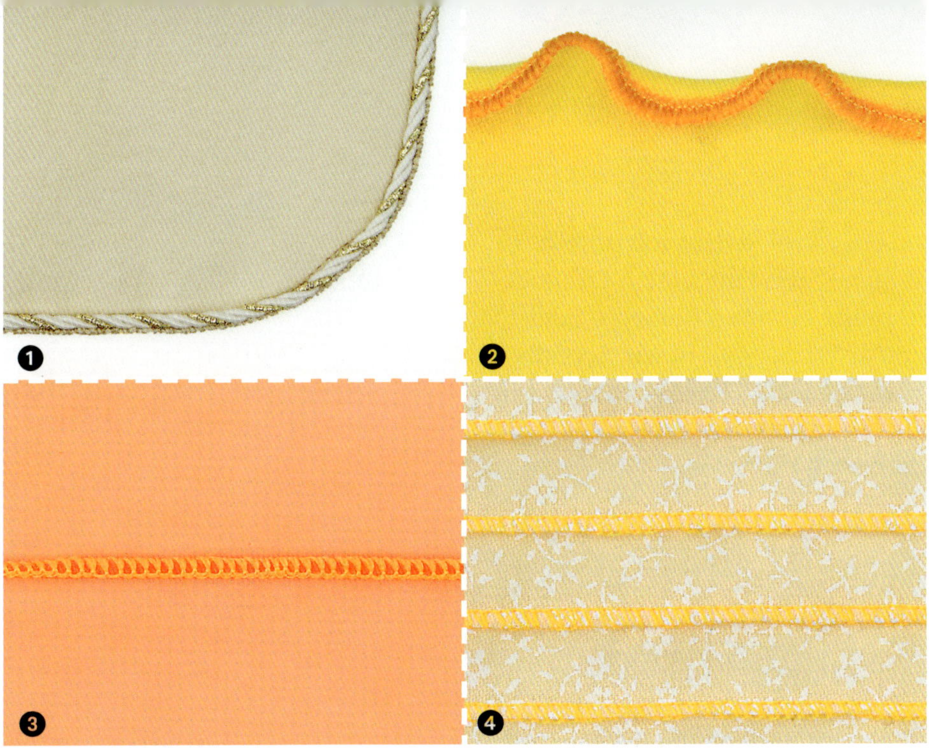

ZUM AUSPROBIEREN

1. **Tischsets anfertigen:** Erzeugen Sie für ein fein verziertes Tischset einen Rollsaum über einem Kord.
2. **Einen Salatrand kreieren:** Verringern Sie die Stichlänge und den Differentialtransport und dehnen Sie den Stoff beim Nähen. Das sorgt für eine dekorative Kante auf Rocksäumen und Kräuseln. Wolliges Nylon eignet sich am besten für die Deckung.
3. **Nähte auf durchsichtigen Stoffen anfertigen:** Ein Rollsaum erzeugt ein kaum sichtbares, sauberes Finish.
4. **Biesen auf einer leichten Bluse erzeugen:** Die Nähte können auf der rechten oder linken Seite des Kleidungsstücks gesetzt werden – je nach gewünschtem Ergebnis.

Tipps

- Die für diese Technik verwendete Overlock hat für die Stichlänge die Einstellung „R". Je nach gewünschtem Ergebnis kann sie von einem kurzen Plattstich zu einem etwas längeren angepasst werden.Verwenden Sie eine größere Stichlänge (3–4) für eine Picotkante: Es bilden sich kleine dekorative Erhebungen an den Stoffkanten.
- Testen Sie den Stich zuerst auf Stoffresten. Passen Sie die Spannung an, bis die Fäden des Untergreifers einen Geradstich auf der Rückseite des Stoffes bilden und von der rechten Seite kaum sichtbar sind.

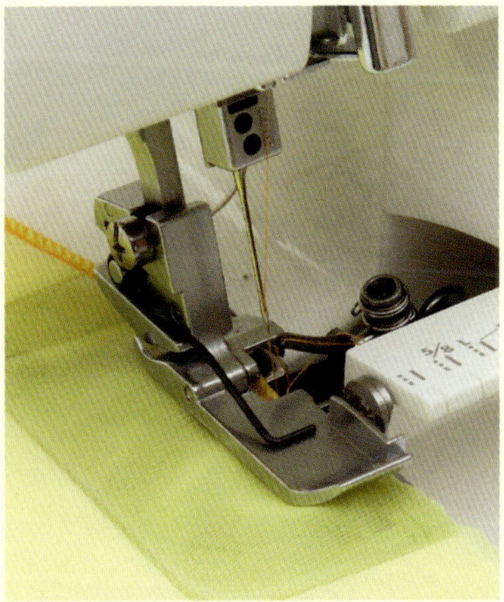

2 Beginnen Sie, wie gewohnt zu nähen. Drücken Sie den Stoff hinauf zum Nähfuß und senken Sie Ihren Fuß auf das Pedal ab.

3 Ketteln Sie am Ende ab, schneiden Sie die Fäden ab und sichern Sie die Enden. Der fertige Stich sollte wie eine gerade, enge Rolle an der Stoffkante aussehen.

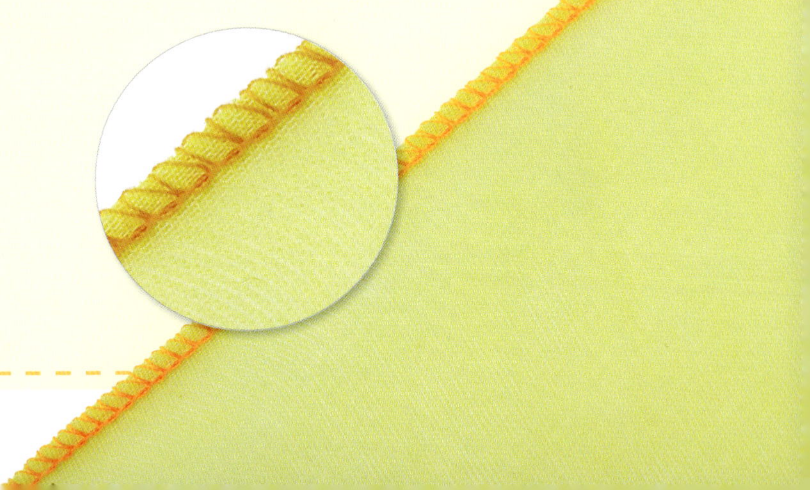

Überdeckstich

Der Überdeckstich erzeugt zwei oder drei Reihen mit parallelen Geradstichen auf der Oberseite des Stoffes mit einem Overlockstich auf der Unterseite. Er wird meist auf Maschenware zum Umsäumen verwendet und fügt Absteppungen hinzu. Schnittkante und Saum werden dabei zur gleichen Zeit bearbeitet. Der Stich lässt sich gut dehnen und sorgt für ein schöneres Finish als ein Geradstich auf einer Standard-Nähmaschine.

OVERLOCKS MIT ÜBERDECKSTICH

Eine Standard-Overlock besitzt diese Funktion nicht, sondern nur spezielle Überdeckstichmaschinen oder mittel- bis hochklassige Multifunktionsmaschinen. Die Einstellung für den Stich ist normalerweise ein breiter oder enger Überdeckstich. Einige Maschinen bieten auch eine dreifache Saumfunktion oder einen oberen Überdeckstich, bei dem während des Nähens Schleifen auf der Ober- und Unterseite des Stoffes entstehen. Der Stich kann nicht nur für Säume, sondern auch für zum Verzieren von Kleidungsstücken, Taschen oder Kissen verwendet werden.

Lesen Sie in Ihrem Handbuch nach, wie der Stich hergestellt wird. Arbeiten Sie zunächst mit einem Stoffrest und überprüfen Sie die Spannung und die gewählte Stichbreite. Nähen Sie schwere Stoffe mit einem längeren Stich und leichte bis mittelschwere Stoffe mit einer Stichlänge von 2,5 oder darüber.

Der Überdeckstich wird manchmal für den Saum von gekauften Kleidungsstücken verwendet und die seitlichen Nähte werden zuletzt genäht. Für ein saubereres Ergebnis sollten Sie jedoch den Saum eines selbst gemachten Kleidungsstückes zuletzt nähen. Dadurch ist die fertige Kante der seitlichen Naht teilweise mit dem Überdeckstich umschlossen.

KREISE ODER SCHLÄUCHE MIT DEM ÜBERDECKSTICH VERBINDEN

Wenn Sie einen Schlauch nähen, sollten Sie am Ende erneut über die ersten Stiche nähen. Verwenden Sie den Fadenspannungshebel oder ziehen Sie an den Nadelfäden, um die Spannung etwas zu lösen. Nehmen Sie den Stoff auf der Hinterseite der Maschine heraus, schneiden Sie die Fäden ab. Sichern Sie sie mit einem Knoten oder fädeln Sie sie durch die Stiche ein. Entfernen Sie bei einer Überdeckstichmaschine wenn möglich den Ausziehtisch. So lassen sich engere Schläuche einfacher nähen.

Tipp
Verwenden Sie eine verstellbare Näh- oder Saumführung, um die Stiche gerade zu halten.

MIT DEM ÜBERDECKSTICH SÄUMEN

1 Schlagen Sie den Saum mit der bevorzugten Breite ein und stecken Sie ihn fest. Bügeln Sie ihn und entfernen Sie dabei die Stecknadeln, damit Sie den Stoff nicht markieren oder einbeulen.

2 Legen Sie den Stoff mit der rechten Seite nach oben und markieren Sie die Stoffkante auf der Unterseite mit Kreide oder einem verbleichenden Stift.

ZUM AUSPROBIEREN

1. Gestrickte Stoffe umsäumen: Der Überdeckstich sorgt für ein professionelles Ergebnis auf dem Saum eines gestrickten Stoffrockes.

2. Eine Kissenhülle dekorieren: Verwenden Sie den dreifachen Überdeckstich und andersfarbige Fäden für die Einfassung einer Kissenhülle.

3. Spitzen zusammennähen: Arbeiten Sie mit dem Überdeckstich und einem wasserlöslichen Stabilisator.

4. Einen Reißverschluss einnähen: Nähen Sie mit dem Überdeckstich einen Reißverschluss schnell und sicher ein. Benutzen Sie einen längeren Reißverschluss als benötigt und positionieren Sie ihn so, dass der Reißverschluss-Schieber 2,5–5 cm über die Öffnung hinaussteht. Nähen Sie ihn fest.

5. Einem Kissen Struktur hinzufügen: Setzen Sie einen Überdeckstich und fädeln Sie auf der Rückseite Kord durch die Schlaufen ein oder nähen Sie auf der Unterseite des Stoffes über den Kord, um einen Trapunto-Effekt zu erzielen.

6. Einen Ausschnitt anfertigen: Verwenden Sie einen Stabilisator auf der Rückseite und vermeiden Sie das Ausdehnen des Stoffes. Arbeiten Sie für ein sauberes Ergebnis auf der rechten Seite mit einem Überdeckstich.

7. Dekorieren: Benutzen Sie den Überdeckstich auf der linken Stoffseite oder erzeugen Sie Reihen dekorativer Nähte auf der rechten Seite. Metall- oder dicke Fäden sorgen für Feinheiten.

8. Biesen anfertigen: Verwenden Sie den Überdeckstich für einen Biesen-Effekt und verleihen Sie einer Tasche ein gewisses Etwas. Nähen Sie die Tasche auch mit einem Überdeckstich fest.

3 Heben Sie den Drückerfuß an und legen Sie den Stoff unter den Fuß. Drehen Sie das Handrad in Ihre Richtung, damit Sie sehen können, wo die Nadel in den Stoff einsticht. Stellen Sie sicher, dass die linke Nadel nur etwas links von der Kreidemarkierung ausgerichtet ist. Senken Sie den Fuß ab und beginnen Sie zu nähen. Halten Sie den Stoff dabei gerade.

4 Wenn Sie den Saum fertigstellen, legen Sie ein Stück Stoffrest unter den Fuß und nähen Sie weiter, bis das Hauptstück frei von Nadeln ist. Schneiden Sie die Fäden zwischen den beiden Stoffstücken ab und sichern Sie die Enden. Auf einigen Maschinen kann die Fadenspannung mit einem Hebel gelöst werden und der Stoff auf der Hinterseite der Maschine herausgezogen werden, ohne auf einem Stoffrest nähen zu müssen.

Kettenstich

Der Kettenstich wird mit einer Nadel und einem Greifer gebildet. Auf der rechten Seite sieht er wie ein Geradstich aus, auf der Rückseite bildet sich eine Kette. Der Nadelfaden sollte nur auf der Rückseite sichtbar sein.

EINEN KETTENSTICH MIT DER OVERLOCK ERZEUGEN

Nicht alle Maschinen verfügen über diese Funktion, weil dafür ein spezieller Greifer benötigt wird. Mit den meisten mittel- bis hochklassigen Multifunktionsmaschinen lässt sich der Stich jedoch erzeugen. Die Einstellungen auf einer solchen Maschine müssen dafür sehr genau festgelegt werden, aber wie bei der Overlock werden Sie auch hier mit der Zeit schneller und leichter zurechtkommen.

Bei Überdeckstichmaschinen ist es einfach, zur Kettenstich-Funktion zu wechseln – Sie müssen nur die Fäden aus allen Nadeln (außer einer) entfernen und dann die nicht verwendeten Nadeln herausnehmen.

Überprüfen Sie das Handbuch Ihrer Maschine, um herauszufinden, wie die Einstellungen für einen Kettenstich verändert werden müssen. Möglicherweise ist es notwendig, die Greifer auszufädeln und dann einen speziellen Greifer für den Kettenstich einzufädeln. Die Nadeln müssen eventuell anders positioniert und neu eingefädelt werden. Auf manchen Maschinen sollte ein Teil der Greifer-Abdeckung gegen einen Nähtisch ersetzt werden.

MIT DEM KETTENSTICH UM ECKEN NÄHEN

1 Setzen Sie den letzten Stich vor dem Wendepunkt mithilfe des Handrades. Drehen Sie es erneut, damit das Nadelöhr über dem Stoff ist, aber die Nadelspitze immer noch im Stoff. Heben Sie den Fuß und drehen Sie den Stoff.

2 Senken Sie den Fuß erneut ab und nähen Sie weiter.

DEN KETTENSTICH VERWENDEN

Wenn Ihre Maschine ohne Stoff keinen Kettenstich erzeugt, nähen Sie zunächst auf einem Stoffrest, bis ein Geradstich entsteht. Dann tauschen sie den Stoff gegen Ihr Nähprojekt aus. Nähen Sie am Ende erneut auf dem Stoffrest und schneiden Sie die Fäden zwischen den Stoffstücken ab.

EINSTELLUNGEN DER MASCHINE
Zweifaden-Kettenstich (mit einer der ganz linken Nadeleinstellungen einer Multifunktionsmaschine)

Fadenspannungen

Linke Nadel:	Neutral
Kettenstichgreifer:	Neutral
Stichlänge:	3 (oder auch länger)
Stichbreite:	N/A
Messer:	Entfernt
Fuß:	Standardfuß oder durchsichtiger Kettenstichfuß

1 Heben Sie den Fuß an, legen Sie den Stoffrest darunter und senken Sie den Fuß auf die richtige Position ab. Nähen Sie auf dem Stoffrest und passen Sie für die benötigte Spannung die Räder an.

2 Beginnen Sie, mit Ihrem Nähprojekt zu arbeiten und drücken Sie den Stoff hinauf zum Stoffrest.

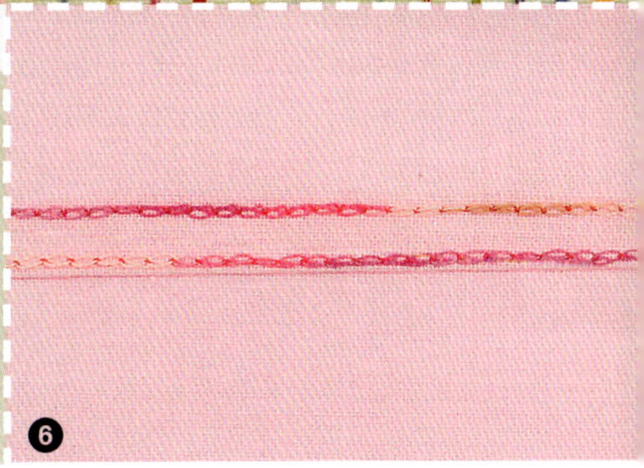

ZUM AUSPROBIEREN

1. Einen Kissenbezug dekorieren: Ziergarn im Greifer erzeugt einen interessanten Kettenstich auf der Unterseite des Stoffes.

2. Gürtelschlaufen erzeugen: Machen Sie einen Kettenstich ohne Stoff und verwenden Sie die Schlaufen für einen Gürtel. Nähen Sie zum Sichern der Schleifen mehrere Ketten und flechten Sie diese zusammen.

3. Eine verkehrte Kette verwenden: Verwenden Sie Ziergarn für die Nadel, um eine ungerade, noppenartige dekorative Kette auf der Unterseite zu erzeugen. Nähen Sie auf der linken Stoffseite, damit sie auf der rechten Seite sichtbar ist. Lockern Sie den Nadelfaden, damit die Kette auf der Unterseite markanter wirkt.

4. Dekorative Biesen kreieren: Verwenden Sie einen Kettenstich mit verschiedensten Fäden.

5. Knopfschlaufen erzeugen: Arbeiten Sie mit einem Kettenstich, aber ohne Stoff und stellen Sie so einen Kord für Knopfschlaufen her. Die Technik eignet sich auch für eine Fadenkette, um Rock- oder Mantelfutter auf Kleidungsstücken zu befestigen.

6. Ein dekoratives Finish hinzufügen: Steppen Sie Ihre Nähte mit einem Kettenstich ab und verzieren Sie Ihr Kleidungsstück auf diese Weise.

Tipp
Um Fadenketten zu erzeugen, nähen Sie auf auflösbarem Stoff. Waschen Sie diesen ab – nur die Fadenkette bleibt übrig.

4 Schneiden Sie den Stoffrest ab und versäubern Sie die Schnittkanten.

3 Nähen Sie bis zum Ende weiter. Ketteln Sie ab oder nähen Sie erneut auf dem Stoffrest.

Flatlocken

Overlocken Sie für einen Flatlock-Stich zwei Kanten oder eine Stoff-falte und ziehen Sie sie so auf, dass die Stiche flach liegen. Flat-locken kann eine normale Overlock-Naht ersetzen und sorgt für mehr Feinheiten für Nahtlinien auf der rechten Seite von Kleidungs-stücken oder Taschen. Er eignet sich am besten für schwere oder sperrige Stoffe, die nicht leicht ausfransen.

EINEN STICH AUSWÄHLEN

Der Flatlock-Stich ist umkehrbar und kann auf der rechten und linken Seite eines Nähprojekts verwendet werden, entweder als Schleifen oder Laufmaschen. Benutzen Sie verschiedene Farben für unter-schiedliche Ergebnisse, lassen Sie die Stiche herausstehen oder mit dem Stoff verschmelzen. Beim Flatlocken kann mit zwei, drei oder vier Fäden gearbeitet werden. Der gewählte Stichtyp hängt von der Maschine, dem gewünschten Ergebnis und der Art des verwendeten Stoffes ab. Viele Standard-Overlocks können nicht auf Zweifa-den-Flatlocken eingestellt werden: Arbeiten Sie stattdessen mit dem Dreifaden-Flatlockstich. Die Spannung der Maschine sollte angepasst werden, da die Stiche der Nadel lose sein müssen, damit der Stich auseinandergezogen werden kann.

SÄUME FLATLOCKEN

Verwenden Sie für das Flatlocken eines Saumes drei Fäden und fol-gen Sie der Anleitung für die Herstellung eines falschen Saumbünd-chens (siehe Seiten 62–63). Schneiden Sie die gefaltete Stoffkante aber nicht mit dem Messer ab. Entfernen Sie das Messer, um diesen Fehler zu vermeiden, oder nähen Sie langsam und vorsichtig. Benut-zen Sie das Messer nur, um ausfransende Fäden abzuschneiden.

Zwei- und Vierfaden-Flatlocken

Wenn Ihre Maschine für den Zwei-faden-Stich geeignet ist, benötigen Sie meist einen Zweifaden-Konver-ter, um das Nadelöhr des Obergrei-fers zu blockieren. Dieser Konverter kann in die Maschine eingebaut oder ein separates Zubehör sein.

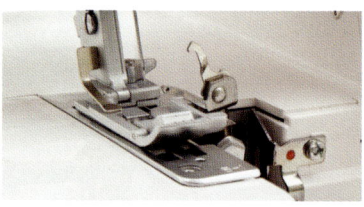

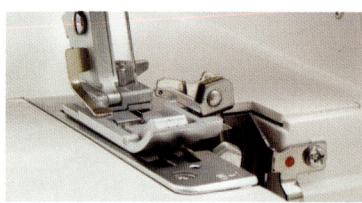

Verringern Sie für den Vierfa-den-Flatlockstich die Spannung beider Nadeln auf 0. Der Stich erzeugt eine leichte Erhebung und kann zum Verzieren verwendet werden.

DREIFADEN-FLATLOCKEN FÜR NÄHTE

Bevor Sie beginnen, sollte der Nadelfaden so lose wie möglich und der Faden des Obergreifers so straff wie möglich sein. Der Nadelfaden sollte vom Greiferfaden zur Stoffkante gezogen werden. Die Oberseite des Stoffes sieht wie eine normale over-lockte Stoffkante aus, die aus den Greiferfäden entstanden ist. Auf der Unterseite sollte der Nadelfaden wie eine Reihe aus Vs aussehen. Der Faden des Obergreifers muss für den korrekten Stich eventuell etwas loser eingestellt werden.

1 Legen Sie die rechten Stoffseiten aufein-ander. Stecken und nähen Sie sie fest. Schneiden Sie, wenn notwendig, über-schüssige Nahtzugabe ab. Heben Sie den Fuß nicht an; drücken Sie den Stoff nur hin-auf zum Fuß und die Stoffschieber-Zähne werden den Stoff in die Maschine führen.

EINSTELLUNGEN DER MASCHINE
Dreifaden-Overlockstich
(mit der linken Nadel)

Fadenspannungen

Linke Nadel:	0
Obergreifer:	3 (oder loser)
Untergreifer:	9
Stichlänge:	2–3
Stichbreite:	Breit oder wie benötigt
Messer:	Aktiviert
Fuß:	Standard

Tipp
Um die Laufmaschen auf der linken Seite sichtbar zu machen, legen Sie die linken Stoffseiten aufeinander und flatlocken Sie die Teile wie in Schritt 1 (oben).

1

2

3

4

5 **6**

ZUM AUSPROBIEREN

1. **Rüschen hinzufügen:** Nähen sie einen Rollsaum auf die Kante eines kleinen Stückes Stoff und verwenden Sie ihn als Rüsche. Falten Sie den Stoff mit den linken Seiten zusammen und legen Sie die Rüsche mit der Schnittkante entlang der Falte auf. Overlocken Sie und dekorieren Sie mit einer gewebten Schleife.

2. **Bündchen von Cardigans schmücken:** Verwenden Sie einen Faden in einer Kontrastfarbe und fügen Sie Bündchen eines Jersey-Cardigans mit einem Flatlock-Saum Feinheiten hinzu.

3. **Fransen anfertigen:** Erzeugen Sie flatgelockte Fransen entlang der Kante einer Decke oder eines Schals.

4. **Spitze einnähen:** Verfeinern Sie ein Kleidungsstück, indem Sie eine Spitze zu einer Flatlock-Naht hinzufügen.

5. **Dekorative Nahtlinien anfertigen:** Falten und nähen Sie mehrmals über den Stoff eines Überwurfs oder Kissenbezugs. Mehr Feinheiten erzeugen Bänder, die durch die Naht gewebt werden.

6. **Eine Tasche dekorieren:** Fertigen Sie eine Flatlock-Naht an und fügen Sie ein Band hinzu, um die Tasche eines Shirts zu verzieren. Zwei Streifen eines engen Bandes wurden am Bild durch die Fäden gewebt.

FLATLOCK-RAND

Diese Technik ist am besten für lose gewebte Stoffe geeignet, deren Kante leicht aufgetrennt werden kann. Stellen Sie die Maschine auf Dreifaden-Flatlocken ein und entfernen Sie die Schneideklinge.

1 Drehen Sie die Stoffkante auf die linke Seite und schlagen Sie die Kante in der gewünschten Breite der Einfassung ein. Flatlocken Sie über die gefaltete Kante.

2 Ziehen Sie die Stiche flach und bügeln Sie darüber. Trennen Sie die Schnittkante des Stoffes auf, um einen Rand zu erzeugen.

Vorderseite

2 Wenn die Naht gesetzt ist, ketteln Sie ab, schneiden Sie den Faden ab und sichern Sie die Enden. Öffnen Sie die fertige Naht auf und ziehen Sie so daran, dass die Laufmaschen auf der rechten Seite sichtbar sind.

3 Bügeln Sie die Naht, um die Stiche einzubetten.

Rückseite

Overlocken mit Ziergarn

Geben Sie mit Ihren overlockten Kanten an und arbeiten Sie mit Ziergarnen! Verwenden Sie keine passenden Fäden – experimentieren Sie mit unterschiedlichen Farben und Typen, um Kleidungsstücken und Haushaltswaren ein gewisses Extra zu verleihen.

DEN FADEN AUSWÄHLEN

Probieren Sie Fäden aus, an deren Verwendung Sie nicht gedacht hätten: Abstepp- und Metallfaden, ein dünnes Band oder sogar Häkelgarn. Einige dieser Fäden sind dicker als normale Nähfäden, aber das bedeutet nicht, dass sie nicht benutzt werden können. Obwohl sehr schwere Fäden nicht durch das Nadelöhr passen, können sie für die Greifer benutzt werden, weil deren Öhr größer ist und es weniger Fadenführungen gibt, die die Fäden belasten oder reißen lassen. Die schwersten Fäden sollten nur im Obergreifer verwendet werden, um Probleme beim Nähen zu vermeiden.

SITCHLÄNGE UND -BREITE VARIIEREN

Beginnen Sie für ein optimales Ergebnis mit der breitesten und längsten Stichlänge und stellen Sie sie immer kleiner ein, bis Sie den gewünschten Stich erzeugt haben. Dickere Fäden benötigen mehr Platz; daher müssen längere und breitere Stiche verwendet werden. Verringern Sie für einen sehr breiten Stich die Spannung der Greifer: Wählen Sie die niedrigste Einstellung auf dem Rad. Sie müssen möglicherweise mehrere Anpassungen vornehmen und experimentieren, um die geeignete Spannung für das Nähen mit Ziergarnen zu finden. Es ist am besten, nur ein Spannungsrad auf einmal anzupassen, um dessen Auswirkungen zu erkennen. Sie können für diesen Nähtyp den Standardfuß verwenden und müssen kein Extrazubehör kaufen.

> **Tipps**
> • Bevor Sie mit dem Nähen beginnen, ziehen Sie die Fäden auf die Hinterseite der Overlock und halten Sie sie locker.
> • Stellen Sie sicher, dass Sie zu Beginn langsam nähen.
> • Überprüfen Sie immer die Größe der verwendeten Nadel: Passen Sie die Dicke der Fäden und Stoffe and die Nadel an.

OVERLOCKEN MIT HÄKELGARN

Häkelgarn kann für eine dekorative, Stoffkante verwendet werden: Die Einfassung sieht am Ende aus, als wäre sie geflochten worden. Seien Sie achtsam bei der Wahl des Fadens – er muss weich, biegsam und eng sein, um durch Maschine und Obergreifer eingefädelt werden zu können.

EINSTELLUNGEN DER MASCHINE
Drei- oder Vierfaden-Overlockstich
(mit der linken Nadel)

Fadenspannungen

Linke Nadel:	3
Rechte Nadel:	3
Obergreifer:	0
Untergreifer:	3
Stichlänge:	4 (oder so lang wie möglich)
Stichbreite:	Weiteste Einstellung
Messer:	Aktiviert
Fuß:	Standardfuß

1 Fädeln Sie mit dem Häkelgarn in den Obergreifer ein und verringern Sie die Spannung. Verwenden Sie einen Einfädler oder eine Fadenschlaufe dafür. Für die Nadeln und den Untergreifer können Standardfäden benutzt werden.

❶

❷

❸

❹

❺

❻

❼

❽

ZUM AUSPROBIEREN

1. **Eine luxuriöse Seideneinfassung hinzufügen:** Benutzen Sie für die Greifer Seidengarn – das sieht auf Tischläufern wunderschön aus.

2. **Glatte Stoffe betonen:** Verwenden Sie einen Abdeckstich mit Kontrastarben. Damit lassen sich Kissenhüllen oder -bezüge toll bearbeiten.

3. **Polsterungen verzieren:** Arbeiten Sie mit der Flatlock-Naht, um dekorative Linien zu erzeugen.

4. **Einen Rock schimmern lassen:** Metallfaden für die Nadeln eignet sich, um den Saum eines Kleidungsstückes geschickt zu versäubern.

5. **Eine weiche Kante erzeugen:** Verwenden Sie für eine schöne Stoffkante wollenes Nylon.

6. **Eine Kante dekorieren:** Fädeln Sie eine Seidenschleife mit einer Breite von 2 mm in den Obergreifer ein. Besonders für die Kanten von Tischtüchern ist diese Technik geeignet.

7. **Einen Überwurf mit einem borten-ähnlichen Finish erzeugen:** Verwenden Sie schwere, perlmuttartige Gobelin-Baumwolle für den Obergreifer, um eine schwerere Verkleidung für massige Stoffe zu erzeugen.

8. **Die Einfassung heraustehen lassen:** Verwenden Sie einen Absteppfaden in einer markanten Farbe oder einen mittelschweren, starken Faden mit hohem Glanz. Fädeln Sie nur den Obergreifer ein und erzielen Sie ein etwas anderes Ergebnis.

2 Arbeiten Sie mit dem längstmöglichen Stich auf Ihrer Maschine und drehen Sie das Schwungrad, um sicherzustellen, dass Stiche gesetzt werden. Passen Sie die Stichlänge oder die Spannung an, bis Sie das gewünschte Ergebnis auf dem Stoff erzielen.

3 Nähen Sie langsam, bis Sie die Kante fertiggestellt haben.

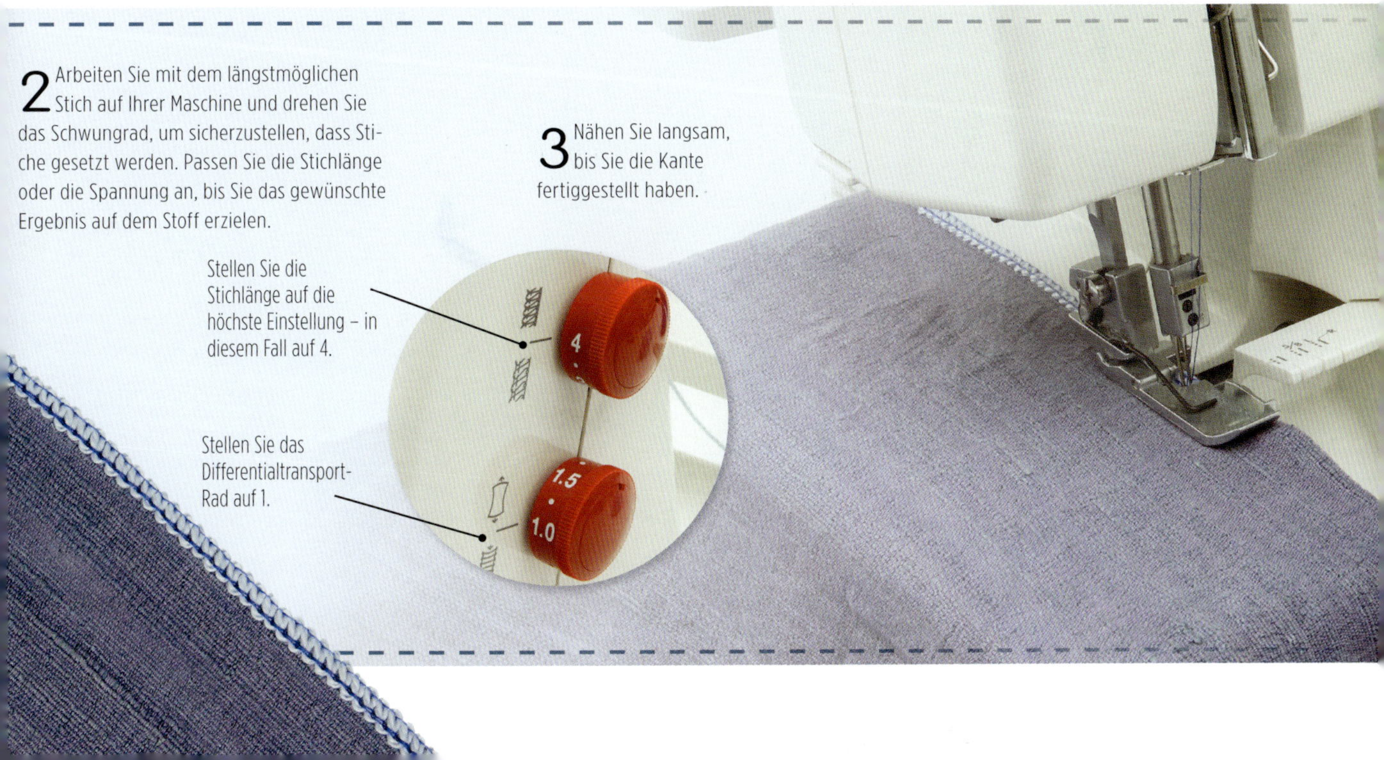

Stellen Sie die Stichlänge auf die höchste Einstellung – in diesem Fall auf 4.

Stellen Sie das Differentialtransport-Rad auf 1.

AJOUR- ODER DURCHBRUCH-ARBEIT

Die sogenannte Durchbrucharbeit kann mit der Overlock und einem Flatlock-Stich erzeugt werden. Die Lücke zwischen zwei Stücken Stoff wird dabei mit Fäden geschlossen. Sie können Bänder oder Stickgarn durch die Fäden weben oder sie für einen Spitzeneffekt flach belassen. Wenn Sie mit der Zweifaden-Einstellung arbeiten, sind die Stiche flacher und weniger sperrig. Wenn dies auf Ihrer Maschine nicht möglich ist, können auch drei Fäden verwendet werden. Wählen Sie die enge oder weite Einstellung – je nach dem, welche Bänder Sie durchschlängeln möchten, oder wie groß die Lücke sein soll. Verwenden Sie für breitere Stiche die linke Nadel und für eine enge Bearbeitung die rechte.

1 Overlocken Sie die Schnittkante Ihrer Stoffe auf die linke Seite und schlagen Sie sie 1–1,5 cm ein.

2 Setzen Sie entlang der gefalteten Kanten eine Flatlock-Naht, sodass die Schlaufen leicht über die Falte stehen. Je mehr sie darüberstehen, desto breiter ist die Lücke zwischen den Stoffen.

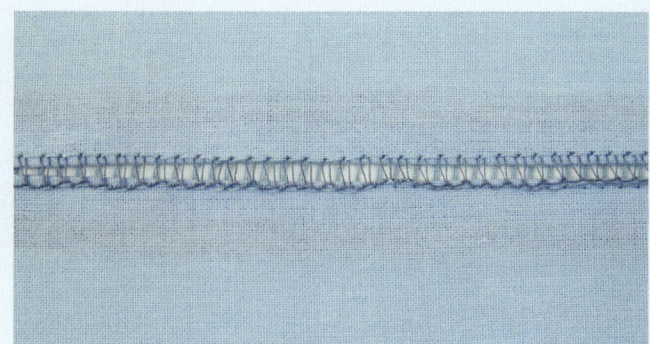

3 Ziehen Sie die Stoffe auseinander und bügeln Sie die Stiche flach.

EINSTELLUNGEN DER MASCHINE

Zwei- oder Dreifaden-Flatlocknaht (mit einer der beiden Nadeln)-

Fadenspannungen
Linke Nadel	0
Obergreifer	3 (oder loser)
Untergreifer	9

Stichlänge	3–4
Stichbreite:	Breit
Messer:	Deaktiviert
Fuß:	Standard

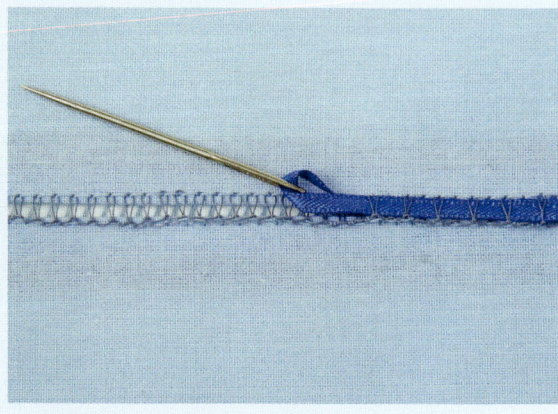

4 Schmücken Sie die Naht mit Stickgarn oder Weberei aus.

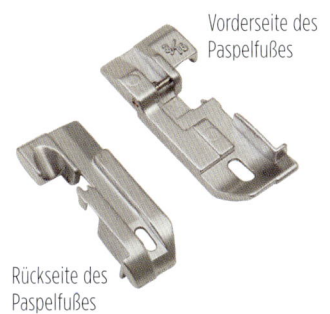

Vorderseite des Paspelfußes

Rückseite des Paspelfußes

Einen Paspelfuß verwenden

Ein Paspelfuß stellt sicher, dass Ihre Nähte perfekt gepaspelt oder gebiest sind. Dies sieht besonders auf Handtaschen und Kissen gut aus und betont Nähte. Paspeln oder Kord können in Kontrastfarben hinzugefügt werden, um bestimmte Teile einer Näherei hervorzuheben. Paspeln können Nähte verstärken und langlebiger machen. Überziehen Sie Paspelkord mit Schrägbandstreifen aus Stoff oder verwenden Sie bereits überzogenen Kord. Polstermöbel lassen sich mit diesem Fuß und einem gekauften Kord mit Bund einfach anfertigen.

WIE SIEHT EIN PASPELFUSS AUS?

Der Paspelfuß ähnelt dem Standardfuß und kann aus Metall oder Kunststoff bestehen. Der Paspelfuß besitzt jedoch einen Schlitz auf der Unterseite, damit die Paspeln während des Nähens fixiert werden. Die Schlitze können unterschiedliche Maße haben, um mit vielen verschieden dicken Paspeln und den meisten Overlock-Maschinen arbeiten zu können.

WIE FUNKTIONIERT ER?

Wenn der Fuß angebracht wurde, befindet sich der Kord oder die Paspel im Schlitz des Fußes, damit die Maschine so nah wie möglich an der Paspel nähen kann. So sitzt die Paspel oder der Kord fest an der Kante der fertigen Naht.

PASPELN VERBINDEN

Paspeln lassen sich einfach durch Überlappen verbinden. Wenn Sie Paspeln oder Korde an einem Kissen befestigen, ziehen Sie das Paspelband vom Beginn auf eine Seite und legen Sie das Endstück darauf, wenn Sie am Startpunkt wieder zurücknähen. Nähen Sie weiter und schneiden Sie dabei das überschüssige Band des Startstreifens ab. Versäubern Sie die Paspeln sorgfältig.

Rundungen und Ecken
• Nähen um Rundungen: Schneiden Sie mehrere Abschnitte des Bundes oder des Paspelbandes ab.

• Nähen um Ecken: Schneiden Sie von der obersten Ecke des Paspelbandes bis zur Nahtlinie.

Tipps
• Überziehen und heften Sie Kord mit der Maschine, bevor Sie ihn an einem Stoff annähen.
• Stecken Sie Paspeln oder Kord fest und heften Sie sie mit der Maschine oder der Hand an eine Schicht Stoff, bevor Sie overlocken. Das lohnt sich besonders bei glatten oder schweren Stoffen.
• Verwenden Sie immer Schrägbandstreifen, wenn Sie Ihren eigenen Kord überziehen. So kann er problemlos für Ecken und Rundungen eingesetzt werden.

EIGENE PASPELN SELBST ÜBERZIEHEN

Das ist wirklich einfach – und der Überzug der Paspel kann an das Nähprojekt angepasst werden. Sie sollten den Paspelkord mit Schrägbandstreifen überziehen. Die Streifen sind dehnbar und ermöglichen, dass die Paspel leichter entlang einer Rundung, Ecke oder geformten Kante befestigt werden kann. Der Stoff sollte für einen echten Schrägschnitt genau in einem 45°-Winkel geschnitten werden. Dadurch wird jedoch oftmals Stoff verschwendet: Wenn Sie sparsamer arbeiten möchten, können Sie die Streifen in einem kleineren Winkel zuschneiden – sie werden trotzdem noch dehnbar sein.

Tipp
Die benötigte Breite für Ihre Streifen hängt von der Dicke des verwendeten Kords ab. Als Faustregel gilt: Verdoppeln Sie die Breite des Kords und die Breite der Nahtzugabe und addieren Sie diese Zahlen. Beispielsweise würde der Streifen für eine Nahtzugabe von 1,5 cm und einen Kord mit 3 mm ein Maß von 4 cm aufweisen.

1 Um die 45°-Linie zu finden, falten Sie ihren Stoff so, dass die Schnittkante die Webkante berührt. Falten Sie erneut entlang dieser Linie oder bügeln Sie eine Falte hinein, und kreiden oder zeichnen Sie an jener Stelle eine Linie auf den Stoff.

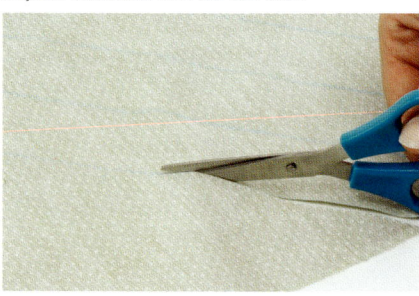

3 Schneiden Sie die Streifen mit einer Schere mit langer Klinge oder einem Rollschneider aus, damit die Kanten gleichmäßig bleiben.

5 Wickeln Sie die Schrägstreifen um den Kord und verwenden Sie einen Reißverschlussfuß, um sie anzuheften. Nähen Sie nicht ganz nah an den Paspeln – belassen Sie eine Lücke, damit die Naht nicht sichtbar ist, wenn die Paspeln am Nähprojekt befestigt werden.

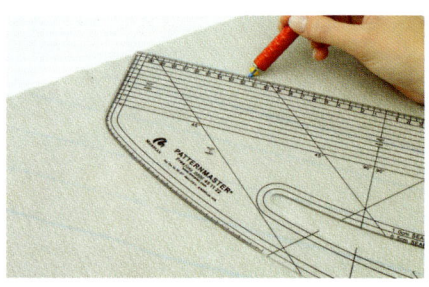

2 Verwenden Sie ein Lineal, um die Streifen abzumessen, und zeichnen Sie diese auf den Stoff. Ein Quilt- oder Schneiderlineal eignet sich dafür optimal.

4 Um die Streifen zusammenzusetzen, legen Sie die Enden im rechten Winkel aneinander und nähen Sie dann mit einer engen Nahtzugabe von 3 mm darüber. Bügeln Sie die Nahtzugabe flach.

OVERLOCKEN MIT EINEM PASPELFUSS

Paspeln können entweder an Stoffkanten auf Kissen oder Sitzbezügen angebracht werden, aber ebenso auf der Naht eines Kleidungsstückes. Für beide Techniken kann dieselbe Methode verwendet werden. Arbeiten Sie mit der folgenden Anleitung, wenn Sie selbst überzogene Paspeln verwenden. Bereits überzogene Paspeln oder gekaufter Kord kann jedoch auf die gleiche Weise eingeführt werden. Sie müssen die Nadelfäden eventuell straffer ziehen, um alle Schichten sicher zu halten.

1 Schneiden Sie 2–3 cm vom Beginn des Paspelbandes oder des Bundes ab.

EINSTELLUNGEN DER MASCHINE:
Drei- oder Vierfaden-Overlockstich (mit der linken Nadeln für drei Fäden)

Fadenspannungen	
Linke Nadel:	3
Rechte Nadel:	3
Obergreifer:	3
Untergreifer:	3
Stichlänge:	3–4
Stichbreite:	Passend
Messer:	Aktiviert
Fuß:	Paspelfuß

2 Legen Sie die Paspeln zwischen zwei Stoffschichten – die Schnittkante sollte mit der zu nähender Kante bündig sein und die Stoffe mit den rechten Seit aufeinander liegen. Ziehen Sie den Bereich des Bande heraus, der entfernt wurde, um den Ausgangspunkt d Nähens freizulegen. Heften Sie die Paspel mit der Har oder der Maschine an einer Schicht Stoff fest, bevor S zum Overlocken beginnen.

EINEN LANGEN SCHRÄGBANDSTREIFEN ERZEUGEN

Dies ist eine alternative Methode für die Herstellung von Schrägbandstreifen (Schritte 1–4, links) und ermöglicht es, eine lange Länge leichter abzuschneiden. Die Technik eignet sich optimal, um mehrere Meter Stoff zu erzeugen, die Kissen oder Sitzunterlagen bedecken.

1 Markieren Sie die Schrägband-schreifen wie zuvor und schneiden Sie mehrere Streifen vom Stoff ab. Passen Sie nun Stoffkanten an: Die oberste Seite eines Endes sollte an die oberste Seite des zweiten Streifens (am anderen Ende) angeglichen werden.

2 Nähen Sie die Enden mit einer Nahtzugabe von 3 mm zusammen und formen Sie einen Schlauch. Bügeln Sie die Nahtzugaben flach.

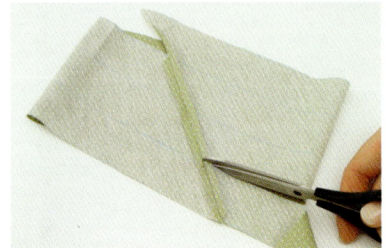

3 Die Schrägstreifen können nun in einer durchgehenden Länge zugeschnitten werden.

3 Schieben Sie die Stoffe nach vorne, bis sie das Obermesser berühren. Richten Sie den Schlauch unter dem Fuß aus und senken Sie diesen ab. Stellen Sie sicher, dass der Schlitz die richtige Größe für den Kord hat und entspannt ist.

4 Beginnen Sie langsam zu nähen, führen Sie den Kord in den Schlitz des Fußes ein und halten Sie alle Kanten zusammen. Die fertige Naht sollte der des Bildes ähneln. Drehen Sie den Stoff auf die rechte Seite; nur die Kante des Schlauches sollte sichtbar sein.

ZUM AUSPROBIEREN

1. Biesen auf einem Kissen: Fügen Sie für mehr Form und Struktur Biesen auf Kissen hinzu. Schneiden Sie eigene Schrägbandstreifen zu, damit die Biesen zum Polsterstoff passen, oder verwenden Sie kontrastierenden Stoff.

2. Um einen Bezug herum nähen: Verwenden Sie gekauften Kord mit Bund und nähen Sie ihn in die Naht.

3. Biesen an den Nähten eines Kleidungsstückes: Durch Biesen in den Nahtlinien fügen Sie selbst gemachten Kleidungsstücken ein professionelles Finish hinzu. Verwenden Sie bespannte, gekaufte Biesen, um den Herstellungsprozess zu beschleunigen, oder nehmen Sie sich die Zeit, um ihre eigene Biese mit demselben oder einem kontrastierenden Stoff zu bespannen.

4. Geometrische Muster hervorheben: Verwenden Sie dickeren Kord, um Ihrem Kissen Extravaganz zu verleihen.

5. Kord an einer Taschenkante: Verwenden Sie eine feine Polsterverkleidung, um Ihren Taschen etwas Außergewöhnliches zu verleihen. Diese Technik eignet sich auch für Säume, Ausschnitte und Ärmellöcher.

6. Biesen auf einem Rock: Nähen Sie die Biese auf einen Bund oder arbeiten Sie mit einer Kontrastfarbe.

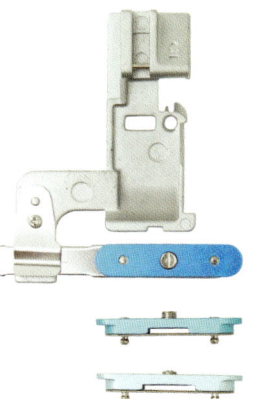

Elastik-Kräuselfuß
mit Gummiführungen, um
Gummis verschiedener
Größen zu nähen

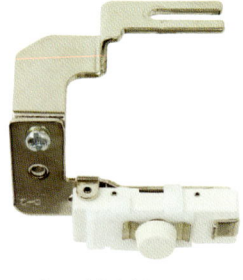

Gummi-Zubehör

Gummi-Zubehör verwenden

Ein Gummi-Zubehör oder ein Elastifikator vereinfacht das Nähen von Gummi sehr. Das Gerät hält die Spannung des Gummis und dehnt ihn so, dass er sich gleichmäßig an eine Stoffkante anbringen lässt.

WIE SIEHT EIN ELASTIK-KRÄUSELFUSS AUS?

Die meisten dieser Zubehöre sehen ähnlich aus und können – je nach Overlock-Modell – entweder ein Fuß oder ein Zubehör sein. Der Teil, der sich über dem Stoff befindet, besitzt eine Art Stange mit einer seitlichen Platte und einer Daumenschraube. Einige Zubehöre eignen sich für viele dünne Gummis, wohingegen andere eine herausnehmbare Gummiführung besitzen: Diese sind in verschiedenen Größen erhältlich und passen zu unterschiedlich breiten Gummis.

WIE FUNKTIONIERT ER?

Die Stange auf der Oberseite fixiert den Gummi und die Daumenschraube kann gedreht werden, um den Druck auf den Gummi zu erhöhen oder zu verringern. Eine Erhöhung des Drucks führt dazu, dass er straffer fixiert wird und es kommt zu mehr Kräuselungen im Stoff. Bei einem niedrigeren Druck wird der Gummi loser festgehalten und der Stoff kräuselt sich beim Anbringen des Gummis nicht so sehr. Die Platte sollte so angepasst werden, dass sie mit der Breite des verwendeten Gummis übereinstimmt. So wird er in einer geraden Linie in Richtung der Nadeln geführt wird.

1   2   3

Arten von Gummi

Gewebt: Stark und dick und daher für schwerere Stoffe geeignet. Der Gummi kann direkt am Stoff befestigt werden.
Geflochten: Wird beim Dehnen enger und kann beim Nähen dünner werden oder seine Dehnbarkeit verlieren.
Gestrickt: Weich, ideal für leichte Stoffe und kann direkt am Stoff befestigt werden – ohne schwächer oder beschädigt zu werden. (1).
Lingerie: Schön gesäumter Gummi, der sich optimal für Unterwäsche eignet.
Non-roll: Ideal für Bünde, weil er beim Dehnung flach bleibt und so bequemer zu tragen ist (2).
Kord-Gummi: In vielen verschiedenen Farben und Breiten verfügbar. Die engste Version kann für Kräuselungen verwendet werden und passt durch den Obergreifer. (3).
Transparenter Gummi: Kann um das Vierfache seiner Länge gedehnt werden, aber seine normale Länge lockeren Zustand beibehalten. Eignet sich sehr gut, um direkt an Stoffen befestigt zu werden, und stabilisiert Schultern oder Dekolletés.

DAS GUMMI-ZUBEHÖR VERWENDEN

Dieses Zubehör eignet sich nicht für alle Gummitypen und sollte am besten für flache, enge Gummis verwendet werden. Der hier abgebildete Gummi-Kräuselfuß der Janome eignet sich für Gummis mit einer Breite von 3,5–8 mm. Andere Zubehöre können auch mit etwas breiteren Gummis arbeiten. Die Abdeckung des Greifers kann nicht geöffnet werden, wenn das Zubehör angebracht ist: Stellen Sie daher sicher, dass Ihre Maschine korrekt eingefädelt ist, bevor Sie den Fuß befestigen.

1 Folgen Sie beim Anbringen des Zubehörs an die Maschine den Anleitungen des Herstellers. Heben Sie die Stange hoch und legen Sie den Gummi darunter oder schieben Sie ihn durch die Führung.

Passen Sie die seitliche Platte an, damit sie mit der Breite de Gummis übereinstimmt.

Verstellen Sie die Daumenschraube, um den Druck auf der Maschine zu verändern.

❶

❷

❸

❹

❺

❻

ZUM AUSPROBIEREN

1. **Schulternähte stabilisieren:** Verwenden Sie für leichte Maschenware durchsichtigen Gummi.

2. **Eine Ärmelstulpe anfertigen:** Nähen Sie engen Gummi mit der Overlock an die Stoffkante.

3. **Gummi von Unterwäsche verwenden:** Overlocken Sie mit dem Gummi-Zubehör und einem engen Stich. Steppen Sie dann flach mit dem Überdeckstich ab.

4. **Unterwäsche ausschmücken:** Verwenden Sie schön gesäumten Gummi für die Öffnungen von Bein und Taille.

5. **Einen Rock verzieren:** Befestigen Sie gestrickten Gummi direkt am Stoff, um einen offenen Bund auf einem Kinderrock zu erhalten. Der weite Gummi kann ohne das Gummi-Zubehör befestigt werden.

6. **Kräusel und Falten:** Kordgummi im Obergreifer eignet sich gut für Kräuselungen oder Faltenbesatz.

Tipp
Verwenden Sie beim Nähen auf Gummi eine lange Stichlänge, damit er eine schöne Form erhält. Einige Gummitypen können von zu vielen Löchern durch die Nadel beschädigt oder geschwächt werden.

2 Legen Sie den Stoff unter den Gummi und den Fuß. Beginnen Sie langsam zu nähen und stellen Sie sicher, dass der Gummi korrekt befestigt wird und die Kräuselung wie gewünscht aussieht.

3 Nähen Sie bis zum Stoffrand weiter, schneiden Sie den Gummi ab und ketteln Sie wie gewohnt ab.

Einen Blindsaumfuß verwenden

Ein Blindsaum erzeugt einen unsichtbaren oder kaum sichtbaren Saum auf der rechten Seite des Stoffes. Mit einem Blindsaumfuß wird sichergestellt, dass der Saum gerade genäht wird und alle sichtbaren Stiche gerade sind.

WIE SIEHT EIN BLINDSAUMFUSS AUS?

Der Blindsaumfuß hat eine Kunststoff- oder Metallführung auf einer Seite. Er ähnelt dem Blindsaumfuß einer Standard-Nähmaschine.

WIE FUNKTIONIERT ER?

Die Führung auf der Seite des Fußes wird verwendet, um den Stoff beim Nähen in der korrekten Position zu halten. Bevor Sie beginnen, sollten Sie die Führung so anpassen, dass die Stofffalte entlang der Kante durchgeführt wird und die linke Nadel nur die gefaltete Kante berührt.

WAHL DES STOFFES

Am besten eignen sich schwerere Stoffe wie Polsterstoffe, Fleece und Wolle, weil die

Nadel einen kleinen Teil des Stoffes berühren kann, ohne ganz durchzustechen. Vorhänge lassen sich so wirklich schnell bearbeiten, ohne dass ein sichtbarer Geradstich verwendet oder mit der Hand genäht werden muss. Es ist schwierig, wenn nicht unmöglich, mit der Overlock einen wirklich unsichtbaren Blindsaum auf leichten bis mittelschweren Stoffen zu erzeugen, weil die Nadeln durch den Stoff stechen würden und die Fäden auf der rechten Seite sichtbar wären. Dies ist jedoch geeignet, um einem Nähprojekt hervorstechende Effekte zu verleihen.

Blindsaumfuß

EINEN BLINDSAUM NÄHEN

EINSTELLUNGEN DER MASCHINE:
Drei- oder Vierfaden-Overlockstich

Fadenspannungen

Linke Nadel:	3
Rechte Nadel:	3
Obergreifer:	3
Untergreifer:	3

Stichlänge	4 (oder so lang wie möglich)
Stichbreite:	Passend zum Saum
Messer:	Aktiviert
Fuß:	Blinsaum- oder Standardfuß

1 Drehen Sie die Kante des Stoffes auf die linke Seite. Stellen Sie sicher, dass sie entlang des Saumes gerade ist und stecken Sie den Saum fest. Bügeln Sie ihn und entfernen Sie dabei die Stecknadeln, um den Stoff nicht zu markieren oder einzubeulen.

2 Drehen Sie die gefaltete Saumkante zurück auf die rechte Seite, damit sich die Schnittkante 6–8 mm unter der neuen Falte befindet. Die Maße hängen von der Stichbreite ab: Erhöhen Sie sie für längere und verkleinern Sie sie für engere Stiche. Stecken Sie den Stoff ab.

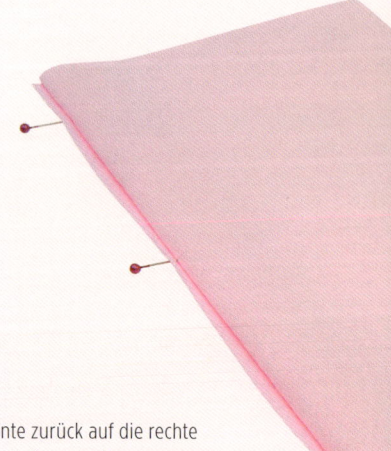

Die richtige Handhabung

• Es braucht ein wenig Übung, um einen perfekten Blindsaum zu nähen. Arbeiten Sie zunächst mit Stoffresten, um sicherzugehen, dass das Ergebnis (zumindest beinahe) unsichtbar ist.

• Verwenden Sie einen Faden mit derselben oder einer etwas dünkleren Farbe als die des Stoffes. Dadurch sind sichtbare Stiche weniger auffällig.

• Wenn Sie der Meinung sind, dass die Stiche zu auffällig sind, versuchen Sie es mit einem faulen Saumbündchen (Seiten 62–63) oder sorgen Sie für einen besonderen Effekt: Verwenden Sie Geradstiche, die auf der rechten Stoffseite zu sehen sind. Der Saum kann auch mit einer Flatlock-Naht bearbeitet werden (Seiten 74–75) – die Stiche sind bei dieser Technik auf beiden Seiten zu sehen.

ZUM AUSPROBIEREN

1. **Kontrastierenden Faden verwenden:** Setzen Sie sichtbare Stiche in den Bündchensaum, wenn Sie mit mittelschwerem oder leichtem Stoff arbeiten.

2. **Eine Spitze anbringen:** Folgen Sie der Anleitung weiter unten. Bei Schritt 2 fügen Sie einen Streifen Spitze hinzu und verzieren Sie so einen Rocksaum.

3 & 4. **Blindsaum für schwere Vorhänge:** Arbeiten Sie auf Vorhängen und Gardinen aus schweren Stoff mit einem Blindsaum: Dies ist einfach und geht sehr schnell – und auf der rechten Seite ist die Bearbeitung kaum zu sehen (3).

3 Platzieren Sie den Stoff so, dass sich die Schnittkante nahe an der Klinge befindet, die linke Nadel nur über die Falte gleitet und leicht in die Fasern der Kante näht. Vergessen Sie nicht, die Nadeln beim Nähen zu entfernen. Die Schnittklinge schneidet überschüssigen Stoff ab.

Tipp

Verwenden Sie das Handrad und drehen Sie es in Ihre Richtung, damit Sie sehen können, wo die Nadel in den Stoff einsticht. Passen Sie die Führung am Blindsaumfuß an, bis der Stoff korrekt platziert ist.

4 Nähen sie langsam und stellen Sie sicher, dass die linke Nadel an der richtigen Stelle in den Stoff einsticht. In diesem Bild wurde der Fuß für bessere Ersichtlichkeit entfernt.

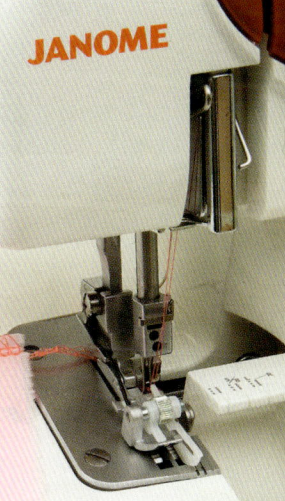

5 Wenn Sie die Naht fertiggestellt haben, ketteln Sie ab, schneiden Sie den Faden ab und sichern Sie die Enden. Öffnen Sie die Falte und legen Sie den Stoff flach auf eine Oberfläche. Bügeln Sie die Saumstiche flach. Sie sollten nur sehr kleine Stiche auf der rechten Stoffseite sehen – oder überhaupt keine.

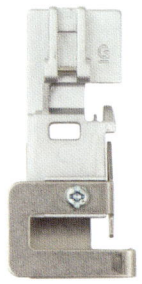

Kräuselfuß

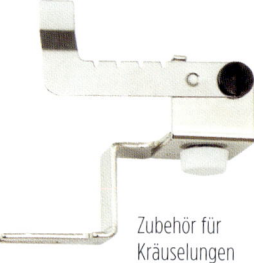

Zubehör für
Kräuselungen

Einen Kräuselfuß verwenden

Sie können durch Anpassen des Differentialtransports auch ohne Kräuselfuß eine Stoffschicht an der Kante kräuseln. Der Kräuselfuß ermöglicht es jedoch, dass beim Overlocken und Zusammennähen eine Stoffschicht gekräuselt wird, während die andere flach bleibt.

WIE SIEHT EIN KRÄUSELFUS AUS?

Einige Maschinen haben unterschiedliche Zubehöre, um ein Stück Stoff an ein anderes zu kräuseln. Der Kräuselfuß hat einen erhöhten Bereich, der als Schlitz für die oberste Stoffschicht dient. Das Zubehör für Kräusel besitzt einen beweglichen Arm, der die zwei Stoffschichten trennen kann.

WIE FUNKTIONIERT ER?

Der Schlitz am Kräuselfuß und der Arm am Zubehör halten die obere Schicht getrennt von der unteren und sie vermeiden, dass die obere Schicht die Vorderzähne des Stoffschiebers berührt. Die untere Schicht wird in die Maschine geführt und kräuselt sich, wenn die Vorderzähne den Stoff in Richtung der hinteren Zähne drücken. Die obere Schicht des Stoffes darf die Hinterzähne erst berühren, wenn

sie aus der Maschine geführt wird, damit sie flach bleibt, wenn sie an der gekräuselten unteren Schicht befestigt wird.

WIE VIEL STOFF BENÖTIGE ICH?

Wenn Sie beim Kräuseln den Differentialtransport auf 2 gestellt haben, ist das Verhältnis 2:1: Die untere Schicht wird doppelt so stark gekräuselt wie die obere. Wenn das untere Stück 20 cm lang ist, sollte das obere 10 cm messen. Wenn der Differentialtransport auf 1,5 gestellt ist, wird die untere Schicht nur halb so sehr gekräuselt – wenn diese also 20 cm misst, muss die obere Schicht 15 cm lang sein. Diese Regel funktioniert nicht immer perfekt, weil leichtere Stoffe sich mehr kräuseln und schwerere nicht so sehr. Daher sollten Sie zuvor testen, ob die Stoffmenge passend gewählt wurde.

DAS KRÄUSEL-ZUBEHÖR VERWENDEN

EINSTELLUNGEN DER MASCHINE
Drei- oder Vierfaden-Overlockstich (mit der linken Nadel)

Fadenspannungen

Linke Nadel:	3
Rechte Nadel:	3
Obergreifer:	3
Untergreifer:	3
Stichlänge:	4 (oder so lang wie möglich)
Stichbreite:	Wenn notwendig, anpassen
Differentialtransport:	2 oder höher
Messer:	Aktiviert
Fuß:	Kräuselfuß oder Kräusel-Zubehör

1 Befestigen Sie den Kräuselfuß an der Maschine und stellen Sie den Differentialtransport auf 2 oder höher ein.

2 Heben Sie den Fuß an und legen Sie beide Stoffschichten darunter. Schwingen Sie den beweglichen Arm am Kräusel-Zubehör, damit die beiden Stoffschichten getrennt werden. Das Zubehör sollte sich nur ein Stück unter dem Drückerfuß befinden. Wenn Sie den Kräuselfuß verwenden, legen Sie eine Schicht Stoff unter den Fuß und die andere in den Schlitz am Fuß.

① ② ③ ④

ZUM AUSPROBIEREN

1. **Rock und Mieder anbringen:** Kräuseln Sie mit dem Fuß einen Rock schnell und einfach auf ein Miedertop.
2. **Weiche Kanten:** Fertigen Sie mit kontrastierendem Stoff eine schöne gekräuselte Kante auf einem Kissen oder Volant an.

3. **Einen Ärmel dekorieren:** Fügen Sie einem Ärmel gekräuselte Spitze oder ein durchsichtiges Stoffbündchen hinzu.
4. **Zwei Schichten Stoff:** Kräuseln Sie zwei Schichten Stoff und befestigen Sie diese an einem Rock oder einer Oberkante.

3 Senken Sie den Fuß ab und beginnen Sie zu nähen. Halten Sie dabei die Stoffschichten getrennt.

4 Die fertige Naht kräuselt sich auf einer Seite und bleibt auf der anderen flach.

Tipps
• Kräuselung anpassen: Stellen Sie den Differentialtransport für weniger Kräusel in Richtung 1 – oder in Richtung 2 für mehr.
• Stellen Sie den Differentialtransport für unterbrochenes Kräuseln entlang einer Kante auf 1, bevor Sie die Bereiche vernähen, die sich nicht kräuseln sollen.
• Wenn Sie den Differentialtransport nicht anpassen können oder noch mehr Kräusel erzeugen möchten, passen Sie den Druck am Drückerfuß an. Erhöhen Sie den Druck für leichte und mittelschwere Stoffe.

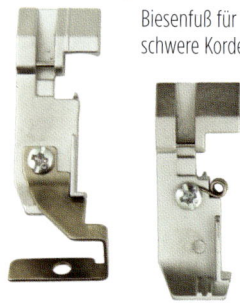

Biesenfuß für
schwere Korde

Einen Biesenfuß verwenden

Der Biesenfuß kann verwendet werden, um verschiedene Korde, Garne und dünnen Draht zu overlocken. Verwenden Sie den Fuß für feine Korde in Verbindung mit einem Rollsaum oder mit einem engen Saum für dickere Garne, um eine dekorative Kante zu erzeugen.

Biesenfuß für feine Korde

Typen von Kord

Möbelkord oder Biese: In Baumwolle, Nylon oder Polyester und einer großen Auswahl an Breiten und Farben erhältlich. (1).

Garn: Wird in vielen Farben, Dicken und Fasertypen angeboten und verleiht Projekten eine weichere Kante (2).

Gewachste Baumwollkordel: Ein enger Kord zur Herstellung von Schmuck und in vielen Farben und Breiten zu kaufen – von 0,5–2 mm (3).

Monofiler Faden: Durchsichtiger Faden für Perlenstickereien oder zum Einfädeln. Eignet sich gut für Stoffkanten oder zum Verzieren eines Kleidungsstückes.

Angelschnur: Ein Typ monofiler Faden; erhältlich in verschiedenen Gewichten – für leichte bis schwerere Stoffe (4).

Draht: Handwerker-Draht ist in vielen Farben und Gewichten erhältlich. Nehmen Sie feinen Schmuckdraht für eine zarte Kante auf Perlenstickereien. Dickerer, schwer verformbarer Draht eignet sich besser für eine definiertere Kante (5).

WIE SIEHT EIN BIESENFUSS AUS?

Ein Biesenfuß besitzt ein kleines Loch auf der Oberseite oder auf einem Vorderbalken, durch das der Kord gefädelt wird. An der Unterseite gibt es oft eine Rille, in der sich der Kord beim Nähen befindet. Einige Hersteller produzieren die Füße mit Löchern in verschiedenen Größen: Sie können, je nach Dicke des verwendeten Kordes, das für Sie passende Modell auswählen.

WIE FUNKTIONIERT ER?

Kord wird durch das Führungsloch und unter der Rille des Fußes eingefädelt. Bei kleineren Führungen ist es eventuell einfacher, den Kord einzuführen, bevor der Fuß an der Maschine angebracht wird. Beim Nähen wickeln sich die Fäden um den Kord und erzeugen eine schön verzierte Stoffkante. Das Führungsloch und die Rille stellen sicher, dass der Kord in derselben Position verbleibt, während Sie nähen.

ÜBER MÖBELKORD BIESEN

In diesem Beispiel werden für die Greifer verwendet. Für die bestmögliche Fadendeckung sollten Sie die Stichlänge so kurz wie möglich halten.

EINSTELLUNGEN DER MASCHINE:
Dreifaden-Rollsaum (mit der linken Nadel)

Fadenspannungen
Linke Nadel:	3
Obergreifer:	4
Untergreifer:	7
Stichlänge:	1 oder kürzer
Stichbreite:	Breit
Messer:	Aktiviert
Fuß:	Biesenfuß

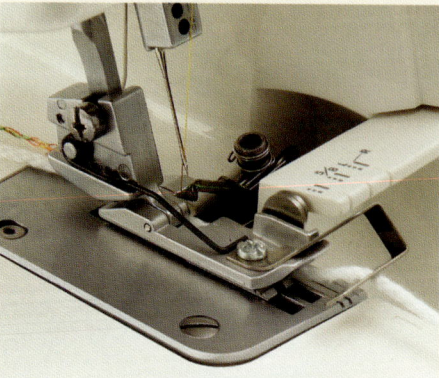

1 Entfernen Sie den Standardfuß und bringen Sie den Biesenfuß an. Heben Sie den Drückerfuß und führen den Kord durch das Führungsloch und die Rille unter dem Fuß in Richtung Hinterseite der Maschine ein.

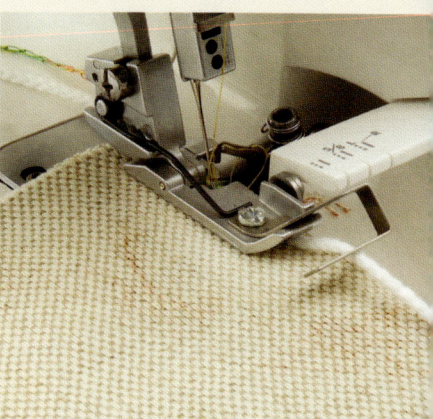

2 Legen Sie den Stoff unter den Fuß und unter den Kord. Beim Nähen schneidet das Messer nur die ausfransende Stoffkante ab.

ZUM AUSPROBIEREN

1. **Gürtelschlaufen anfertigen:** Verwenden Sie Ziergarn und einen Rollsaum, um über die Korde zu overlocken und verleihen sie den Schlaufen eine besondere Eigenschaft. Binden Sie für einen dekorativen Effekt zwei Längen Kord zusammen.

2. **Knopfschlaufen herstellen:** Overlocken Sie über engen Kord oder Gummi, um Knopfschlaufen in einer Kontrast- oder einer passenden Farbe herzustellen.

3. **Eine gekordelte Kante für Platzdeckchen oder Tischläufer herstellen:** Monofiles Polyester ist ideal für eine gekordelte Kante, weil der farbige Kord durch die Stiche zu sehen ist.

4. **Stoffe ausschmücken:** Overlocken Sie mit verschiedenen Farben über Kord und vernähen Sie alles mit der Hand.

5. **Eine Angelschnur verwenden:** Für mehr Volumen im Saum eines Kleides overlocken Sie über eine Angelschnur.

6. **Die Saumkante verstärken:** Verwenden Sie für Saumkanten von Strickwaren monofiles Garn und einen normalen Vierfaden-Overlockstich.

Tipps

• Für dekorative Biesen mit einem biegsameren Kord stellen Sie die Fadenspannungen auf die neutrale Position und verwenden Sie einen engen Saum mit einer mittelgroßen Stichlänge zwischen 2 und 4.

• Für schwereren Kord eignen sich ein breiter Rollsaum und die linke Nadel.

• Versuchen Sie, eine Angelschnur um eine hölzerne Baumwollspule zu wickeln und sie kurz aufzukochen. Wenn sie abgekühlt ist, kann sie overlockt werden, aber sie wird sich im Saum stärker kräuseln.

• Je nach Maschinentyp und verfügbaren Accessoires könnte es einfacher sein, sehr schwere Korde mit dem Perlenfuß anzubringen.

3 Beginnen Sie langsam zu nähen und halten Sie den Kord locker, während er in den Fuß geführt wird. Nähen Sie bis zur Kante weiter. Schneiden Sie den Kord ab und ketteln Sie ab.

Einen Schrägbandfuß verwenden

Ein Schrägband kann um Stoffkanten geschlungen werden und als Zierleiste für Nähte und Säume dienen. Mit einem Schrägbandfuß funktioniert dies viel schneller und einfacher, weil das Anbringen und Nähen in einem Schritt möglich ist. Es gibt zwei Haupttypen von Füßen: einer für bereits gefaltete Schrägbänder und einer, der das Band für Sie faltet.

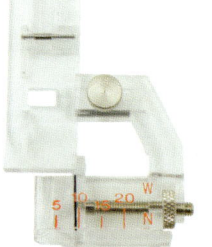

Verstellbarer
Schrägbandfuß

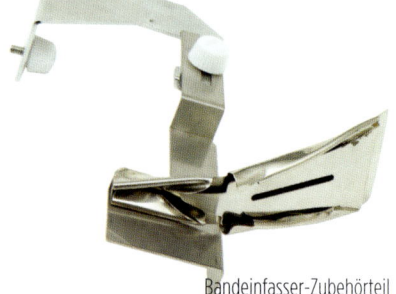

Bandeinfasser-Zubehörteil

WIE SIEHT EIN SCHRÄGBANDFUSS AUS?

Die meisten der Füße verfügen auf der Vorderseite über eine Art Trichter, durch den die Schrägbänder eingeführt und gleichzeitig gefaltet werden. Andere Füße besitzen eventuell eine kleine Öffnung oder einen beweglichen Führer, damit unterschiedlich breite, vorgefaltete Schrägbänder mit demselben Fuß verwendet werden können.

WIE FUNKTIONIERT ER?

Schrägbänder oder -streifen werden in den Fuß hineingeführt. Der Fuß faltet und ummantelt den Stoff mit dem Schrägband und richtet es so aus, dass die Stiche an der richtigen Stelle gesetzt werden. Die unterschiedlichen Füße eignen sich entweder für vorgefaltete oder noch ungefaltete Schrägband-Streifen.

Tipp
Verwenden Sie den Überdeck- oder den Abdeckstich, um mehrere Stickereien auf dem Schrägband anzubringen.

EIN BANDEINFASSER-ZUBEHÖRTEIL BENUTZEN

Dieses Zubehör wird verwendet, um selbst zugeschnittene Schrägbänder zu falten und anzubringen.

EINSTELLUNGEN DER MASCHINE:
Zweifaden-Kettenstich (mit einer der Nadeln ganz links) auf einer Multifunktionsmaschine.

Fadenspannungen	
Linke Nadel:	Neutral
Kettenstichgreifer:	Neutral
Stichlänge:	3 (oder länger, je nach Vorliebe)
Stichbreite:	Nicht zutreffend
Messer:	Entfernt
Fuß:	Bandeinfasser-Zubehörteil

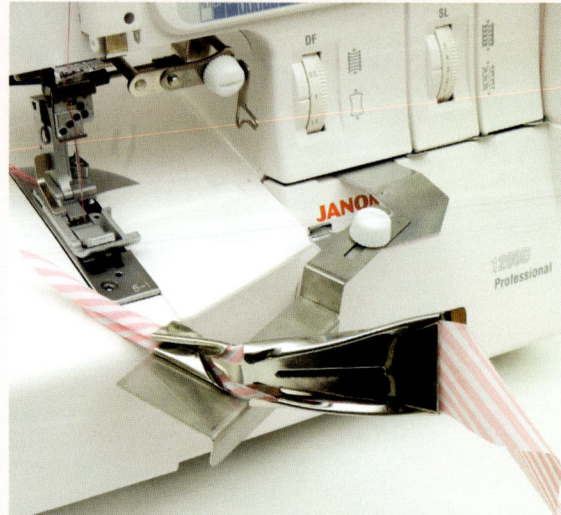

1 Schneiden Sie 4 cm breite Streifen aus und nähen Sie sie zusammen, um einen langen Streifen zu erhalten (wenn notwendig) – siehe hierzu Seite 80. Schneiden Sie ein Ende des Schrägstreifens in einem 45°-Winkel ab und führen Sie es in den Einfasser ein, indem die linke Seite des Stoffes nach außen zeigt. Ziehen Sie den Streifen durch den Einfasser.

EINEN SCHRÄGBANDFUSS VERWENDEN

Dieser Fuß wird verwendet, um gefaltete Schrägbänder anzubringen. Er ist für Bänder mit einer Breite von 1–4 cm geeignet.

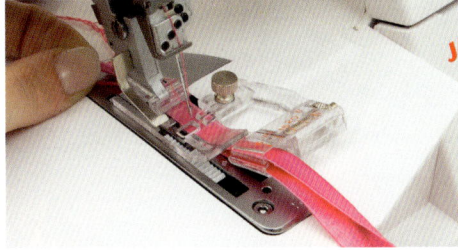

1 Schneiden Sie ein Ende des Schrägbands in einem 45°-Winkel ab und führen Sie es in den Spalt an der Vorderseite des Fußes ein. Ziehen Sie das Band unter den Fuß und in Richtung Rückseite der Maschine.

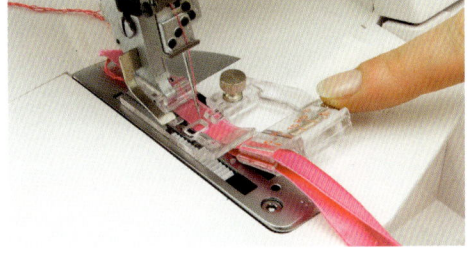

2 Passen Sie die vordere Schraube des Fußes an, bis die gefalteten Kanten des Schrägbandes die Kanten des Fußes leicht berühren.

3 Führen Sie die Nadel in das Schrägband ein: Links von der Nadel sollten nur 2 mm vom Band zu sehen sein. Passen Sie die hintere Fußschraube an, bis die Nadel korrekt ausgerichtet ist.

4 Platzieren Sie den Stoff, indem Sie die Kante mit den Falten des Schrägbandes zusammenfügen. Drehen Sie das Schwungrad und nähen Sie langsam mithilfe des Fußpedals weiter.

2 Führen Sie die Nadel in das Schrägband und ändern Sie die Position des Einfassers, sodass links von der Nadel nur 2 mm des Stoffes zu sehen sind.

3 Platzieren Sie den Stoff so auf dem Schrägband, dass sich die Kante zwischen den Falten des Bandes befindet. Senken Sie den Fuß ab und drehen Sie das Schwungrad in Ihre Richtung, um die Stiche richtig zu setzen. Nähen Sie weiter, bis Sie mit dem Einfassen fertig sind.

ZUM AUSPROBIEREN

1. **Ein T-Shirt verzieren:** Verwenden Sie entlang des Ausschnitts ein Schrägband und schließen Sie mit einem Kettenstich ab.

2. **Ein Tischdeckchen dekorieren**: Verarbeiten Sie die Kanten mit kontrastierenden, selbst gemachten Streifen und einem Überdeckstich.

3. **Einen Saum verzieren:** Verbinden Sie einen Saum mit einem vorgefalteten, gekauften Band. Verwenden Sie den dreifachen Überdeckstich und Ziergarn.

4. **Mit Gummi arbeiten:** Bringen Sie mit dem Schrägbandfuß gefalteten Gummi schnell und einfach an einer Kante an.

5. **Einen Ärmel bearbeiten:** Nähen Sie ein kontrastierendes Band an eine Ärmelkante und schließen Sie mit einem Überdeckstich ab.

6. **Schimmer hinzufügen:** Verwenden Sie ein Schrägband aus Satin, damit die Kanten eines Kleidungsstückes schimmern.

SCHRÄGBANDSTREIFEN SELBST HERSTELLEN

Dies ist sehr einfach: Schneiden Sie einfach Streifen ab, die doppelt so breit sein sollten wie die Schrägbandstreifen (siehe Seite 80). Verwenden Sie zum Falten einen Schrägbandformer – ein Werkzeug, das die Streifen für Sie faltet.

Schneiden Sie die schrägen Streifen zu und führen Sie sie durch den Schrägbandformer. Wenn der Stoff am Ende herauskommt, drücken Sie ihn flach, damit er gefaltet bleibt.

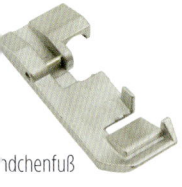

Bändchenfuß

Einen Bändchenfuß verwenden

Dieser Fuß ermöglicht das Anbringen von Schleifen, Borten und Nahtbändern. Er hält das Band beim Nähen in derselben Position und erleichtert das Overlocken so. Verwenden Sie für verschiedene Ergebnisse unterschiedliche Stiche.

Standard-Fuß mit Schlitz für das Band

WIE SIEHT EIN BÄNDCHENFUSS AUS?

Der Fuß hat einen Schlitz auf einer Seite oder in der Mitte. Es gibt einige Standardfüße für die Overlock, die diese Funktion ebenso erfüllen und dadurch für viele Zwecke eingesetzt werden können. Einige Maschinen besitzen ein Zubehörteil mit einem Arm und einer Spule, um größere Bänder halten zu können.

WIE FUNKTIONIERT ER?

Schleifen oder Bänder werden durch den Schlitz in den Fuß eingeführt und gelangen dann unter dem Fuß in Richtung Rückseite. Der Fuß hält die Schleifen beim Nähen in ihrer Position und platziert sie korrekt unter den Nadeln. Für längere Streifen kann ein spezielles Zubehörteil für Bändchen verwendet werden. Wickeln Sie das Band auf die Spule, bevor Sie sie an der Maschine anbringen.

❶ ❷ ❸ ❹

ZUM AUSPROBIEREN

1. **Einen Rocksaum veredeln:** Bringen Sie eine Schleife und Spitze mithilfe eines Überdeckstiches an.

2. **Die Kante eines Kleidungsstücks verzieren:** Befestigen Sie eine mithilfe eines Kettenstiches. Der Geradstich kann von der rechten Seite aus gesehen werden, der Kettenstich von unten.

3. **Eine dekorative Borte herstellen:** Verwenden Sie einen Abdeckstich und Ziergarn, um über ein Twillband zu nähen. Es kann als Borte oder Gürtelschlaufe genutzt werden.

4. **Schulternähte versäubern:** Bringen Sie ein enges Twillband mit einem Vierfaden-Overlockstich an, um Schulternähte zu sichern.

DEN BÄNDCHENFUSS VERWENDEN

Dieser Fuß der Janome kann für Bänder mit einer Breite von 4–8 mm benutzt werden. Hier wird ein Überdeckstich verwendet, es eignen sich jedoch hierfür alle möglichen Sticharten.

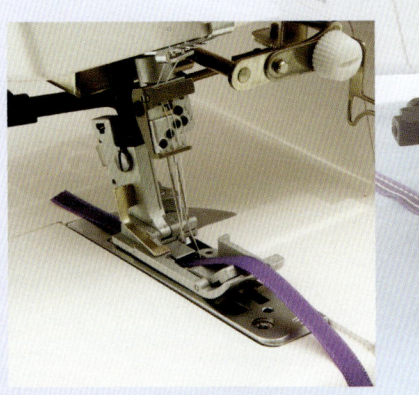

1 Bringen Sie den Bändchenfuß an der Maschine an. Schieben Sie das Band durch den Schlitz am Fuß und dann unter den Fuß in Richtung Rückseite der Maschine.

2 Legen Sie den Stoff unter den Fuß und senken Sie ihn ab. Drehen Sie das Handrad in Ihre Richtung und zum Stoff und dem Band. Sorgen Sie für etwas Durchhang auf dem Band und beginnen Sie langsam zu nähen. Führen Sie das Band dabei mit Ihren Fingern.

Perlenstickerei-Zubehör

Ketten aus Perlen und Pailletten sowie schwererer Kord können mithilfe eines Perlenstickerei-Zubehörs an Stoffen angebracht werden: So können Sie Braut- oder Abendkleidung atemberaubend aussehen lassen.

WIE SIEHT DAS ZUBEHÖR AUS?

Dieser Nähfuß hat auf der Unterseite einen Einschnitt (manchmal auch oben), um die Perlen durch die Maschine zu führen.

WIE FUNKTIONIERT ES?

Platzieren Sie eine Reihe Perlen oder schweren Kord in den Einschnitt an der Oberseite des Fußes und anschließend in den an der Unterseite. Die Einschnitte halten die Position der Perlen, damit diese gleichmäßig an den Stoff angebracht werden können.

Zubehör für Perlenstickereien

Perlenfuß (mit dem Zubehör verwendet)

Durchsichtiger Perlenfuß

Tipp
Verwenden Sie einen einfädigen Faden, damit der Stich am Stoff kaum zu sehen ist.

DAS PERLENSTICKEREI-ZUBEHÖR VERWENDEN

Das Zubehör für die Janome kann für Perlen mit einer Breite von 1–4 mm verwendet werden. Diese müssen nicht an der Saumkante des Stoffes platziert werden, sondern können an einer umgefalteten Kante angebracht werden, damit sie überall am Stoff verwendet werden können.

EINSTELLUNGEN DER MASCHINE

Zwei- oder Dreifaden-Flatlock (mit der linken Nadel)

Fadenspannungen	
Linke Nadel:	1
Obergreifer:	3
Untergreifer:	7
Stichlänge:	3–4 oder länger
Stichbreite:	Breit
Messer:	Deaktiviert
Fuß:	Perlenfuß

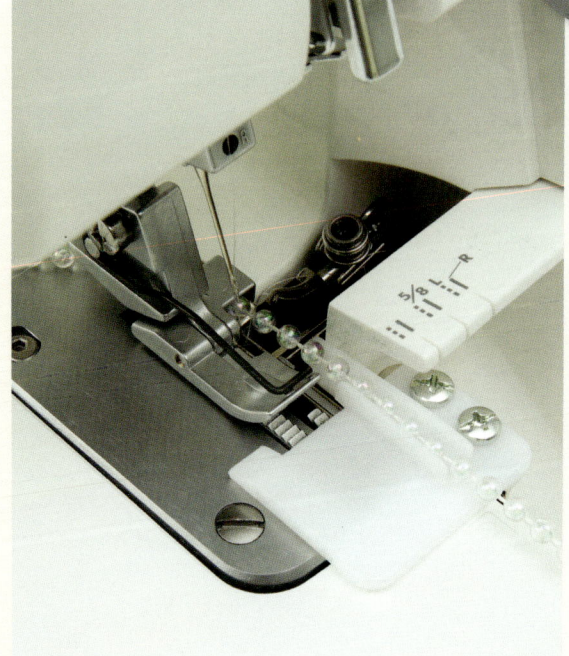

1 Stellen Sie die Maschine für Flatlock-Nähte ein (die linke Nadel wird verwendet) und deaktivieren Sie das Messer. Entfernen Sie den normalen Fuß und bringen Sie Perlenfuß und -zubehör an.

2 Heben Sie den Drückerfuß an, führen Sie die Perlen ein: durch den Einschnitt des Zubehörs und unter dem Einschnitt des Fußes in Richtung Rückseite der Maschine.

3 Senken Sie den Fuß ab und nähen Sie in Verwendung des Handrades zwei oder drei Stiche, um die Perlen auf der Fadenkette zu versäubern. Passen Sie die Stichlänge so an, dass jeder Stich durch eine Perle geht.

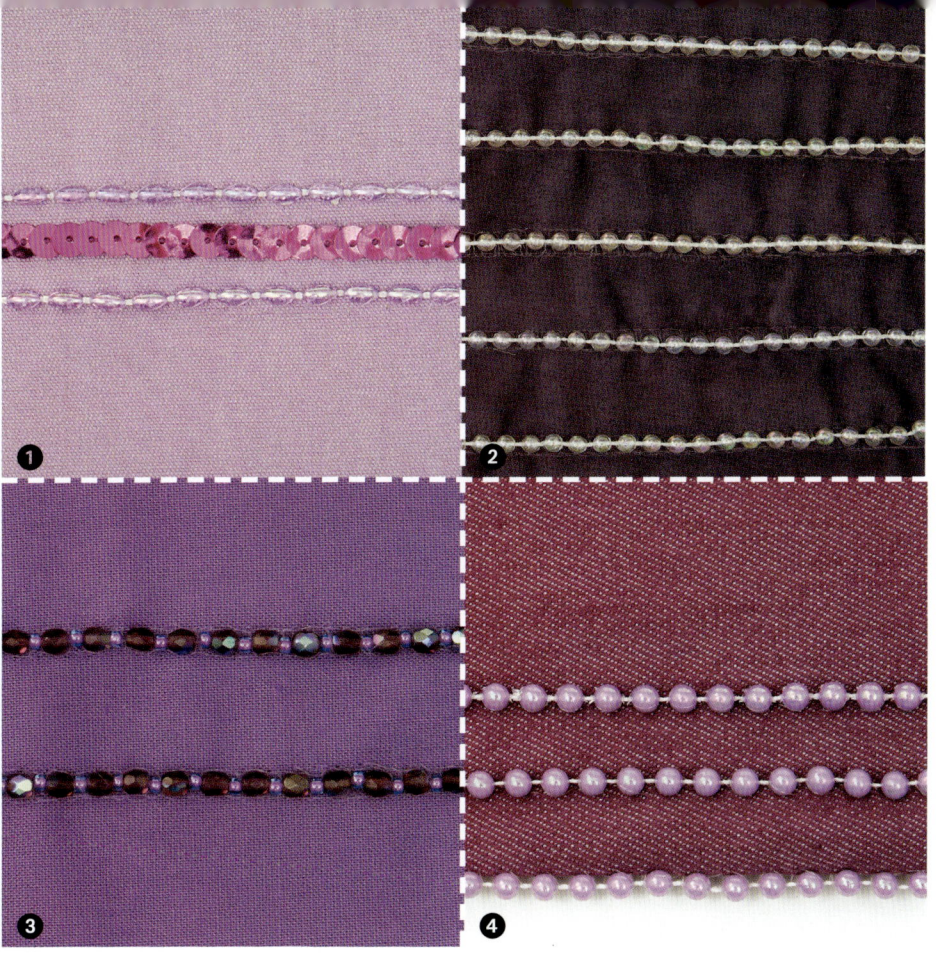

ZUM AUSPROBIEREN

1. **Pailletten anbringen:** Verwenden Sie den Perlensticker-Fuß und einen durchsichtigen Faden.
2. **Eine Geldbörse herstellen:** Bringen Sie mehrere Reihen durchsichtiger Perlen an.
3. **Perlenreihen:** Nähen Sie Perlen (zwei oder drei Reihen) entlang der oberen Kante eines Abendkleides an.
4. **Einen Saum dekorieren:** Bringen Sie entlang des Saumes eines Kleides Perlen an.

4 Falten Sie den Stoff mit den linken Seiten zusammen. Platzieren Sie ihn unter den Fuß, sodass die Falte neben den Perlen liegt.

5 Drehen Sie das Handrad und passen Sie den Perlenführer durch Lockern der Befestigungsschraube an. Positionieren Sie den Fuß so, dass die Nadel nur die Kante der Falte berührt. Senken Sie den Fuß ab und beginnen Sie, langsam zu nähen.

6 Ketteln Sie am Ende des Nähens ab und schneiden Sie die Faden ab. Wenn eine Seitennaht genäht werden muss, entfernen Sie alle Perlen, die im Weg wären. Vernähen Sie die Fadenenden und schneiden Sie sie ab.

KAPITEL 3

Schnelle Konstruktionen

Sie werden nun erkannt haben, dass es eine Unzahl an Dingen gibt, die Sie mit Ihrer Overlock ausprobieren können. Die Nähprojekte in diesem Kapitel geben Ihnen die Chance, zu experimentieren und Ihre Fähigkeiten zu verbessern. Die Projekte sind mit dem bereits erlernten Können einfach realisierbar. Sie werden sehen, dass Sie ihre Overlock dazu verwenden können, um eindrucksvolle Kleidungsstücke, Accessoires und Haushaltsartikel zu kreieren – und das ohne komplizierte Muster oder stundenlanges Arbeiten an der Nähmaschine.

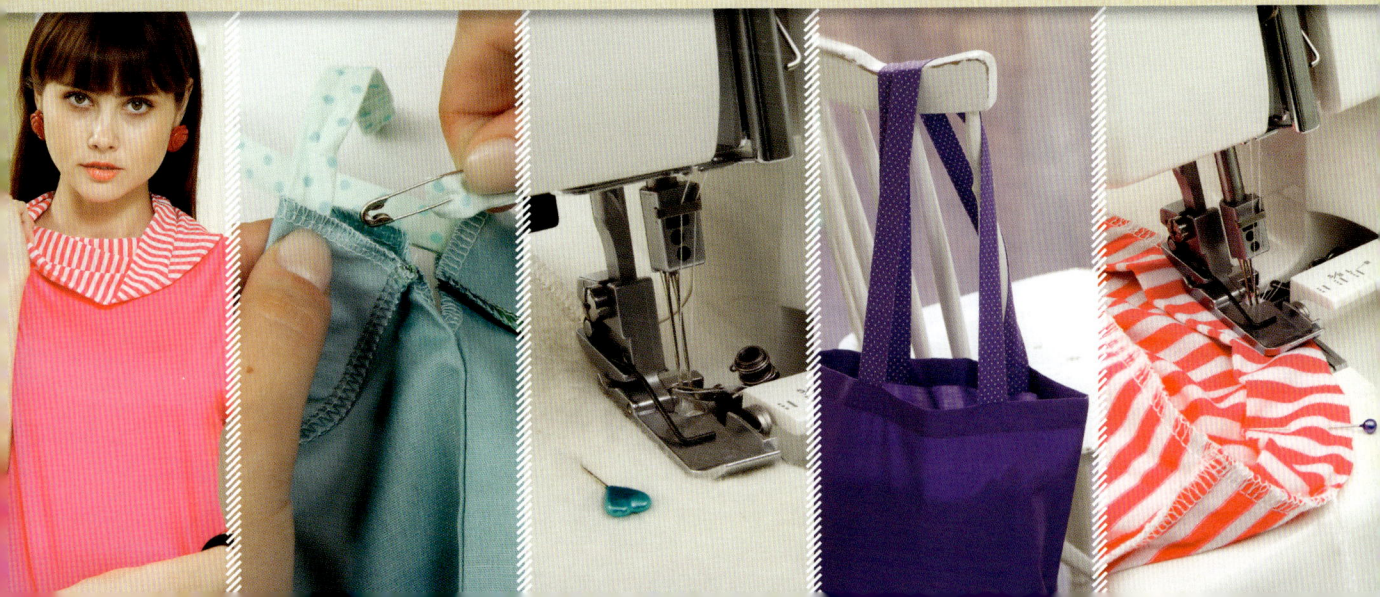

Halstuch für den Abend/Sarong

Dies ist das schnellste und leichteste aller Projekte, aber es kann mit den richtigen Ziergarnen sehr exquisit aussehen. Das Halstuch ist aus einem rechteckigen Stück Chiffon angefertigt und an allen Seiten entsteht durch kontrastierende oder abgestimmte Farben ein Rollsaum. Ein metallischer oder seidener Faden oder wolliges Polyester eignen sich für eine bessere Deckung. Sie können auch leichte Baumwolle verwenden und einen Sarong oder ein Wickeltuch für den Strand anfertigen.

SIE BENÖTIGEN
- 0,5 m Chiffon oder etwa 2 m leichte Baumwolle
- 2 Spulen eines passendes Fadens (Polyester oder Polyester-Baumwoll-Mischgewebe)
- 1 Spule Ziergarn für den Obergreifer
- Stoffschere
- Auswaschbare Stoffmarker oder Kreide
- Maßband
- Durchziehnadel

Den Stoff zuschneiden
- Für einen Schal: ein Rechteck mit 0,5 m x der Stoffbreite
- Für einen Sarong: ein Rechteck mit 2 m x der Stoffbreite

Die Stoffgröße je nach Vorliebe anpassen.

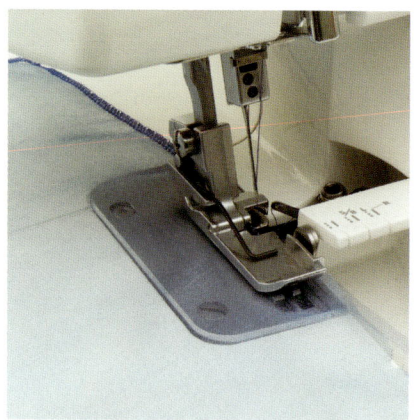

1 Richten Sie die Maschine für den Rollsaum ein: wenn möglich mit einer Zweifaden-, wenn nicht, mit einer Dreifaden-Naht. Verwenden Sie den Ziergarn für den Obergreifer.

Schmücken Sie sich mit Ihrem ersten Nähprojekt auf der Overlock – eine tolle Anwendung des Rollsaumes.

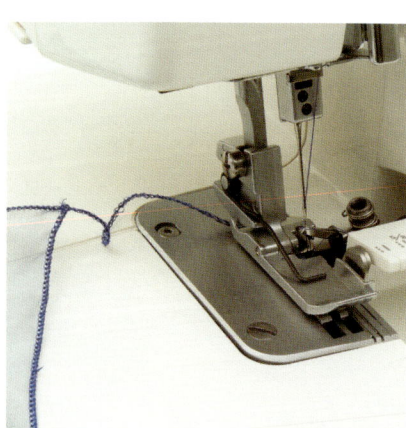

2 Overlocken Sie um die Ränder des Rechtecks, schneiden Sie nur die ausgefranste Kante ab und verwenden Sie die Methode des fortlaufenden Stiches (siehe Seite 52).

3 Sichern Sie das übrige Kettenende, indem Sie es in eine Durchziehnadel oder eine Nadel mit großem Öhr einfädeln in die Naht hineingeben.

Einfaches Top

Dieses einfache Nietentop ist innerhalb von einer Stunde fertig! Die Nähte entstehen durch einen Vierfaden-Overlockstich und die untere Kante wird mit einem falschen Saumbündchen versäubert. Die Stoffbänder werden zu Ärmelöffnungen und Ausschnitt hinzugefügt. Die Möglichkeiten sind endlos – variieren Sie: Fügen Sie kontrastive Bänder für die Ärmel hinzu und schneiden Sie ein zusätzliches unteres Band zu.

SIE BENÖTIGEN
- 1 m oder mehr leichten Jersey oder T-Shirt-Stoff
- 4 Spulen eines passenden Fadens (Polyester oder Polyester-Baumwoll-Mischgewebe)
- Stoffschere
- Auswaschbare Stoffmarker oder Kreide
- Lineal oder Maßband
- Stecknadeln
- Bügeleisen

Optional
50 cm kontrastierender Stoff für Bänder für Ärmelöffnungen und Ausschnitt

Den Stoff zuschneiden
- Messen Sie um die Brust herum, halbieren Sie die Maße und addieren Sie 2,5 cm. Dies ist das Maß für die Breite.
- Messen Sie von Schulter zu Hüfte: Das ist das Maß für die Länge.
- Schneiden Sie zwei Rechtecke zu: Breitenmessung x Länge.
- Schneiden Sie zwei Rechtecke für die Bänder der Ärmelöffnungen zu (50 x 6 cm).
- Schneiden Sie ein Rechteck für den Ausschnitt zu: 60 cm x 30 cm

Für ein längeres Top oder ein Kleid sollte das Längenmaß vergrößert werden.

Optional
Kontrastierendes Band für die Unterkante: Schneiden Sie zwei Rechtecke mit der Breitenmessung x 8 cm zu. Passen Sie die Länge des Tops an, indem Sie 3 cm für dieses neue Band wegschneiden.

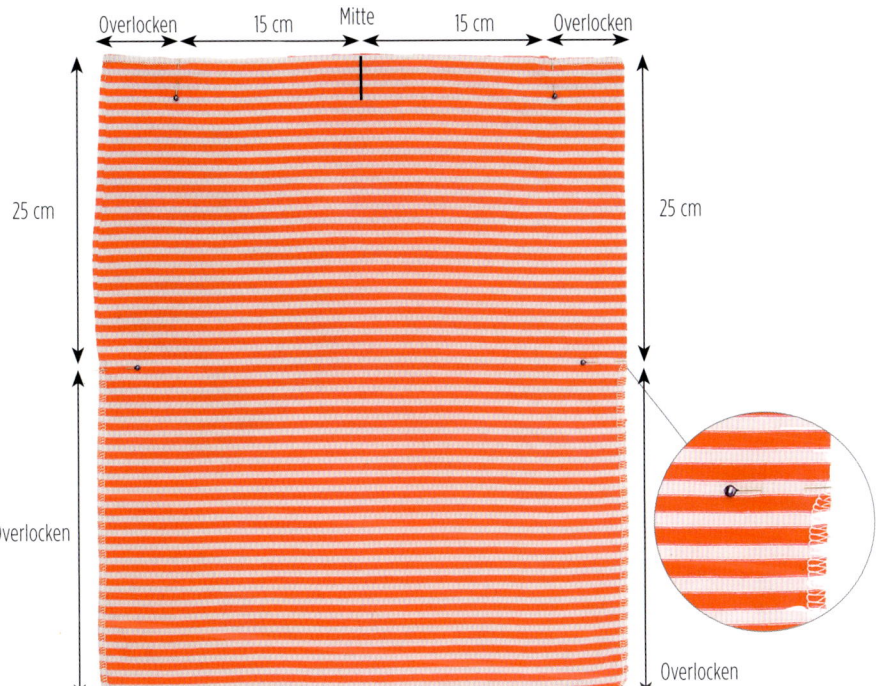

1 Legen Sie die zwei größeren Rechtecke mit den rechten Seiten zusammen. Messen Sie 25 cm der Länge von der oberen Kante jeder Seite bis zum Ende des Rechtecks und machen Sie eine Markierung.

2 Markieren Sie die Mitte der Breite des Rechtecks. Messen Sie 15 cm von jeder Markierung und kennzeichnen Sie die Stelle.

3 Overlocken Sie von der unteren Kante des Rechtecks zu den Markierungen der seitlichen Naht. Overlocken Sie entlang der Breite von jedem Rand bis zu den Markierungen in der Nähe der Mitte. Bügeln Sie die Nähte flach.

4 Erzeugen Sie ein falsches Saumbündchen an der Unterkante des Tops, indem Sie die Schnittkante ins Innere des Kleidungsstückes drehen (4 cm) und folgen Sie der Anleitung auf den Seiten 62 und 63.

BÄNDER FÜR ÄRMELÖFFNUNGEN ANBRINGEN

5 Falten Sie jedes Band mit den rechten Seiten zusammen, damit die kürzeren Enden aufeinanderliegen. Overlocken Sie entlang dieser Enden und bügeln Sie die Naht flach.

6 Falten Sie das Band mit den linken Seiten zusammen und stecken Sie es so ab, dass die Schnittkanten einander berühren.

7 Stecken Sie beide rechten Seiten des Bandes auf das Kleidungs-stück, zentrieren Sie die Naht über der seitlichen Naht des Kleidungsstücks und dehnen Sie es, wenn notwendig.

8 Beginnen Sie in der Nähe der seitlichen Naht und overlocken Sie das Band auf der Stelle. Bügeln Sie die Naht in die Innenseite des Tops.

9 Falten Sie die rechten Seiten des Kragens zusammen, sodass die kürzeren Enden einander berühren. Overlocken Sie entlang des Randes.

10 Falten Sie den Kragen mit den rechten Seiten zusammen und stecken Sie ihn so ab, dass die Schnittkanten einander berühren. Falten Sie den Kragen in eine Hälfte und halbieren Sie ihn nochmals, um die Mitte gegenüber der Naht und der Viertel-Punkte zu markieren.

11 Suchen Sie die Mitte des hinteren und vorderen Kragens, indem Sie die beiden Schulternähte zusammenfalten. Markieren Sie die mittigen Punkte.

12 Stecken Sie den Kragen mit den rechten Seiten aufeinander an den Ausschnitt, indem Sie die Naht des Kragens mit der hinteren Mitte und den anderen Markierungen der vorderen Mitte und der seitlichen Nähte anpassen. Sie müssen den Stoff eventuell etwas dehnen, weil keine Nahtzugabe zum Kragen hinzugefügt wurde.

13 Beginnen Sie in der Nähe der hinteren Mitte und overlocken Sie entlang der Nackenkante. Bügeln Sie die Naht auf die Innenseite des Tops.

EIN KONTRASTIVES UNTERES BAND HINZUFÜGEN

14 Um anstelle eines falschen Saumbündchens ein kontrastives Band hinzuzufügen, überspringen Sie Schritt 4. Overlocken Sie die zwei kontrastiven Rechtecke an der kürzesten Kante, um einen Stoffstreifen zu erhalten. Bügeln Sie die Nähte flach und falten Sie die linken Seiten zusammen, damit die Schnittkanten einander berühren. Befestigen Sie das Band gleich wie den Kragen, indem Sie die Nähte zu den seitlichen Nähten bringen.

Messen Sie von der Schulter bis zum Boden, um aus dem Top ein Kleid zu machen (verwenden Sie das größere Maß von Brust oder Hüfte für die Breite. Für den Winter kann ein dicker, dehnbarer Jerseystoff verwendet werden.

Tragetasche

Diese Tragetasche ist ein sehr einfaches Nähprojekt. Sie wird aus rechteckigen Stücken Stoff hergestellt, die für die Nähte overlockt und an der Nähmaschine genäht werden, um die Säume zu erzeugen und die Henkel zu befestigen.

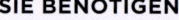

SIE BENÖTIGEN
- 0,5 m mittelschweren bis schweren Baumwollstoff
- 4 Spulen eines passenden Fadens (Polyester oder Polyester-Baumwoll-Mischgewebe)
- Stoffschere
- Auswaschbare Stoffmarker oder Kreide (zum Ausgrenzen der Rechtecke)
- Lineal oder Maßband
- Stecknadeln
- Bügeleisen

Den Stoff zuschneiden
- 2 Rechtecke mit 50 x 37 cm für den Hauptteil der Tasche
- 2 Stoffstreifen mit 70 x 7 cm für die Henkel

Die fertige Tasche hat eine Größe von etwa 43 x 35 cm.

1 Legen Sie die beiden Rechtecke mit den rechten Seiten zusammen und stecken Sie sie ab.

2 Overlocken Sie entlang von drei Seiten mit einem Vierfaden-Stich und 1 cm Nahtzugabe. Nur ein kleiner Teil des Stoffes wird abgeschnitten. Lassen Sie eine der kürzeren Seiten offen.

3 Bügeln Sie die Nähte auf eine Seite. Drehen Sie die Tasche mit der rechten Seite nach außen.

4 Für einen Saum an der offenen Kante drehen Sie 5 cm auf die linke Seite, stecken Sie alles ab und bügeln Sie eine Falte in den Stoff.

5 Nehmen Sie die Nadeln heraus und drehen Sie die Schnittkante hinein zur Falte, indem Sie den Stoff entlang der Falte erneut umfalten. Stecken Sie die Stelle ab.

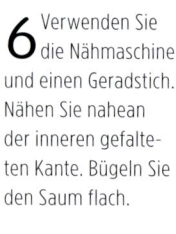

6 Verwenden Sie die Nähmaschine und einen Geradstich. Nähen Sie nahe an der inneren gefalteten Kante. Bügeln Sie den Saum flach.

DIE HENKEL ANFERTIGEN

7 Hierfür falten Sie die rechten Seiten entlang der längsten Kante zusammen. Stecken Sie alles ab, overlocken Sie und nehmen Sie die Nadeln dabei heraus.

Tipp
Diese Anleitungen sind sehr einfach, aber Sie können ein Band zu den Nähten hinzufügen (siehe Seiten 60–61), Ziergarne verwenden (Seiten 76–78) oder die Maße der Tasche je nach Vorliebe anpassen.

8 Drehen Sie die Henkeln mit den rechten Seiten nach außen – mithilfe einer Wendehilfe oder indem Sie die Kette durch das Öhr einer stumpfen Nadel einfädeln und durch den Henkel schieben. Wenn die Nadel durchgezogen ist, dreht sich der Stoff mit der rechten Seite nach außen.

Einfach und schnell anzufertigen und der perfekte Begleiter für jeden Einkaufsbummel. Sie kann zusammengefaltet werden, um in Ihre Tasche zu passen. Ein schwererer Stoff liefert mehr Widerstandsfähigkeit und Langlebigkeit.

9 Schlagen Sie die Schnittkanten auf einer Seite bei 2,5 cm ein.

10 Befestigen Sie die Henkel an das Innere der Tasche, mit 9 cm seitlichem Abstand. Platzieren Sie die Henkel so, dass die umgefaltete Schnittkante nach dem Nähen nicht mehr sichtbar ist. Nähen Sie mit der Nähmaschine auf dieser Stelle: zunächst ein Viereck und dann entlang der Diagonalen (für zusätzliche Widerstandsfähigkeit).

Kleid für Kinder

Diese hübsche Kleid aus leichter Baumwolle ist ideal für den Sommer. Sie können ein gekräuseltes Top kreieren, indem Sie Gummi für den Obergreifer und die Kettenstich-Einstellung Ihrer Maschine verwenden. Eine overlockte französische Naht wird für die Hinterseite des Kleides verwendet, um das Kleidungsstück zu verstärken und damit der gekräuselte Gummi an derselben Stelle bleibt. Fertigen Sie vier schnelle Träger für den oberen Teil des Kleides an – sie werden auf der Schulter zu einer Schleife gebunden.

Tipp
Für dieses Projekt wird ein Kettenstich mit gekräuseltem Gummi im Obergreifer verwendet. Keine Sorge, wenn Sie auf der Overlock keinen Kettenstich durchführen können – machen Sie auf der linken Stoffseite eine Markierung, falten Sie entlang dieser und verwenden Sie einen Zwei- oder Dreifaden-Flatlockstich mit dem gekräuselten Gummi im Obergreifer (siehe Seite 74). Nähen Sie entlang der gefalteten Kante, damit die Nadeln beim Nähen nur die Kante erreichen.

SIE BENÖTIGEN
• 0,5 m leichten Baumwollstoff
• Passenden Faden (Polyester oder Polyester-Baumwoll-Mischgewebe)
• Ziergarn für den Rollsaum
• Stoffschere
• 8 m gekräuselten Gummi (wenn möglich in passender Farbe)
• Auswaschbare Stoffmarker oder Kreide
• Lineal oder Maßband
• Stecknadeln
• Bügeleisen

Den Stoff zuschneiden
• 1 Viereck mit 100 x 40 cm
• 2 Stoffstreifen mit 72 x 4 cm

Das Kleid passt Kindern im Alter von 2–5 Jahren, kann aber an die benötigte Größe angepasst werden.

1 Zeichnen Sie mit einem auswaschbaren Stoffmarker oder Kreide auf der rechten Stoffseite sieben Linien mit 1 cm Länge neben einer langen Kante. Wenn Sie mit der Rollsaum-Methode arbeiten, zeichnen Sie die Linien auf die linke Stoffseite.

2 Stellen Sie die Maschine auf Rollsäumen ein. In den Obergreifer sollte Ziergarn eingefädelt werden, in den Untergreifer und in die Nadeln ein Polyesterfaden. Overlocken Sie Oberseite und die unteren Kanten des Kleides (die längsten Seiten des Vierecks).

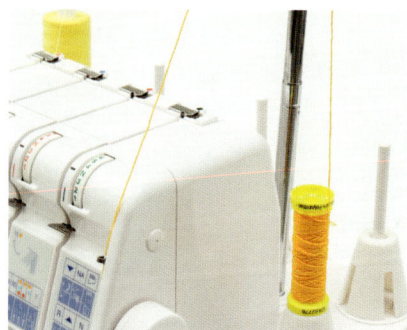

3 Arbeiten Sie nun mit dem Kettenstich: Fädeln Sie gekräuselten Gummi durch den Greifer und verwenden Sie Polyesterfaden für die Nadel. Lösen Sie die Spannung der Nadel und erhöhen Sie die Spannung am Greifer.

4 Testen Sie die Kräuselung auf einem Stoffrest, um sicherzustellen, dass die Spannungen korrekt eingestellt wurden. Fixieren Sie die Enden der Reihen mit Knoten, um das Auftrennen der Kette zu verhindern. Stellen Sie sicher, dass sich ein langes Stück Gummi am Ende der Reihe befindet – ansonsten zieht sich der Gummi zurück in die Maschine und Sie müssen den Greifer neu einfädeln.

5 Ändern Sie die Einstellungen der Maschine auf normales Dreifaden-Overlocken mit der rechten Nadel. Beginnen Sie für die französische Naht mit den linken Stoffseiten aufeinander und overlocken Sie die hintere Naht. Umschließen Sie dabei die Gummiknoten.

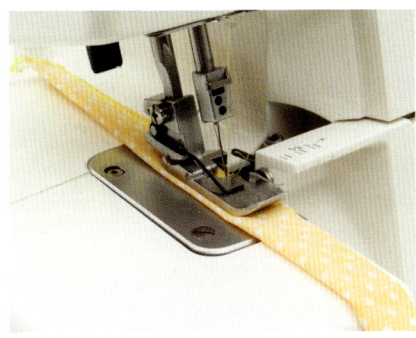

6 Ändern Sie die Einstellungen der Maschine auf Vierfaden-Overlocken und nähen Sie erneut, um der hinteren Naht mehr Widerstand zu verleihen und die Gummienden zu sichern. Bügeln Sie die Naht.

DIE TRÄGER ANFERTIGEN
7 Falten Sie einen Träger mit den rechten Seiten aufeinander in die Hälfte (entlang der längsten Kante). Overlocken Sie entlang der drei Schnittkanten.

8 Schneiden Sie den Träger in zwei Hälften. Drehen Sie nun jeden Träger mit der rechten Seite nach außen. Wiederholen Sie die Schritte 6 und 7 für zwei weitere Träger.

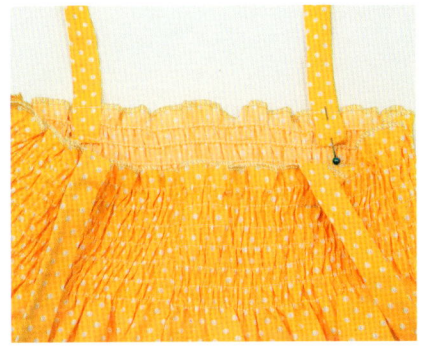

9 Legen Sie das Kleid flach auf eine Oberfläche – die Naht auf der Rückseite sollte mittig sein. Stecken Sie die Träger auf der obersten Kante des Kleides fest, 6 cm von der vorderen Mitte entfernt.

Geben Sie mit Ihrem Talent zum Kräuseln an! Dieses Kleid ist perfekt für den Sommer und wirklich einfach anzufertigen.

10 Befestigen Sie die Träger auf der obersten Kante des Kleides. Verwenden Sie dazu die Nähmaschine oder nähen Sie mit der Hand. Schlagen Sie die Schnittkante ein und fixieren Sie die Träger mit ein paar Stichen.

Schneller Quilt

Für diesen Quilt werden Baumwollwatte und Stoff auf einmal genäht – es muss anschließend also nicht abgesteppt werden. Fünf mittelschwere Baumwollstoffe werden für den Hauptteil der Decke und einer der Stoffe als Abbindung verwendet. Die Kante wird mit selbst gemachten Haftstreifen angebracht – aufgrund der Dicke des Quilts müssen Sie mit einer Nähmaschine arbeiten und händisch Versäubern. Weil die Streifen an geraden Kanten befestigt werden, müssen sie nicht schräg geschnitten werden und Sie sparen viel Stoff.

 Stoff A

 Stoff B

 Stoff C

 Stoff D

 Stoff E

1 Legen Sie zwei Streifen des Stoffes C übereinander.

2 Legen Sie einen Streifen Watte darauf.

3 Legen Sie einen Streifen des Stoffes A mit der rechten Seite nach oben auf die Watte.

4 Legen Sie einen Streifen des Stoffes E mit der rechten Seite nach unten darauf.

5 Legen Sie einen Streifen Watte darauf.

6 Heften Sie die Streifen mit Nadeln zusammen, sodass die Nadeln parallel zur Kante liegen, aber weit genug davon entfernt sind, um nicht in die Overlock zu geraten.

7 Overlocken Sie durch alle Schichten und schneiden Sie einen kleinen Teil des Stoffes für die Nahtzugabe ab (1 cm).

8 Öffnen Sie den Stoff so, dass die rechten Seiten von A und E auf einer Seite sind und die rechten Seiten der zwei Streifen von Stoff C auf der anderen. Die Watte sollte sich in der Mitte befinden. Bügeln Sie die Naht von beiden Seiten des Quilts flach.

9 Legen Sie auf die rechte Seite des Quilts einen Streifen des Stoffes B (mit der rechten Seite nach unten) auf den Stoff A.

10 Legen Sie einen Streifen Watte darauf.

11 Legen Sie einen Streifen des Stoffes C mit der rechten Seite nach unten auf die Unterseite des Quilts.

13 Öffnen Sie die Watte und den Stoff B auf der rechten Seite der Decke und bügeln Sie die Naht flach.

12 Stecken Sie alles zusammen und bektetteln Sie es mit einer Nahtzugabe von 1 cm.

14 Drehen Sie die Decke um und klappen Sie Streifen C auf. Bügeln Sie die Naht flach.

15 Legen Sie einen Streifen von Stoff C auf Stoff B (rechte Seiten übereinander). Legen Sie einen Streifen Watte darauf. Darüber legen Sie einen Streifen von Stoff C mit den rechten Seiten übereinander auf Stoff C (auf die Unterseite der Decke). Stecken Sie es zusammen und overlocken Sie wie zuvor.

16 Legen Sie einen Streifen von Stoff D auf Stoff C (rechte Seiten übereinander). Legen Sie einen Streifen Watte darauf. Darüber legen Sie einen Streifen von Stoff C mit den rechten Seiten übereinander auf Stoff C (auf die Unterseite der Decke). Stecken Sie sie zusammen und overlocken Sie. Klappen Sie den Stoff auf und bügeln Sie die Nähte auf beiden Seiten flach.

17 Legen Sie den letzten Streifen (E) auf Stoff D (rechte Seiten übereinander). Darüber legen Sie einen Streifen Watte und einen Streifen von Stoff C mit den rechten Seiten übereinander auf Stoff C (auf die Unterseite der Decke). Stecken Sie alles ab und overlocken Sie. Klappen Sie die Stoffe auf und bügeln Sie die Nähte auf beiden Seiten flach. Die Decke kann nun eingefasst werden.

18 Schneiden Sie die Kanten der Decke ab, um die Schichten zu glätten. Als Vorbereitung nähen Sie die Einfassungsstreifen zusammen und falten sie in der Mitte. Beginnen Sie mit der längsten Kante und stecken Sie die Streifen mit den rechten Seiten übereinander auf die Decke, halten Sie die Schnittkanten flach und lassen Sie 1,5 cm am Anfang und am Ende überstehen. Nähen Sie auf der Maschine mit einer Nahtzugabe von 1,3 cm.

19 Falten Sie die Einfassung auf die Unterseite der Decke und schließen Sie die Schnittkanten des Stoffes. Drehen Sie die Schnittkante der Einfassung und stecken Sie sie ab.

20 Führen Sie einen Schlingstich durch, indem Sie durch die Falten der Einfassung und in den Stoff der Decke nähen. Das Endergebnis sollte fast unsichtbar sein.

21 Bringen Sie die Einfassung an den kürzeren Seiten der Decke an. Bearbeiten Sie die Ecken, indem sie die Schnittkante falten, sodass sie bündig mit der längsten Kante sitzt und falten Sie die Einfassung wie zuvor um. Stecken Sie alles ab und arbeiten Sie erneut mit dem Schlingstich.

Kuscheln Sie sich an einem kalten Abend unter diese Decke oder nehmen Sie sie zu einem sommerlichen Picknick mit.

Kissenbezug

Dies ist eine einfache und schnelle Möglichkeit, um ein Kissen zu machen – ohne Reißverschlüsse, Knöpfe oder Knopflöcher. Ziehen Sie einfach auf der Öffnung der Rückseite, die mit Bändern verschlossen wird. Der Bezug eignet sich toll, um den Quilt (Seite 106) aufzubewahren, wenn Sie gerade nicht darunter kuscheln. Sie können die Größe des Kissenbezugs anpassen und die Angaben zum Zuschneiden auf der rechten Seite verändern.

1 Umsäumen Sie eine lange Seite jedes Vierecks – mit einem Überdeckstich, einem Flatlock-Saum, einem Blindsaum, einem Rollsaum oder durch Overlocken und mithilfe der Nähmaschine. Hier wird das Kissen overlockt, dann umgefaltet und erneut mit der Nähmaschine genäht.

DIE BÄNDER ANFERTIGEN

2 Stellen Sie die Maschine auf den Vierfaden-Overlockstich ein und erzeugen Sie eine Fadenkette mit einer Länge von 1 m.

3 Wickeln Sie die Kette ein, indem Sie das lange, dünne Viereck in zwei Hälften falten und die Fadenkette damit umschließen.

4 Nähen Sie entlang der Kante. Stellen Sie dabei sicher, dass sich die Fadenkette nicht im Inneren verfängt.

5 Ziehen Sie die overlockte Kette ins Innere des Stoffstreifens. Dadurch sollte das Band auf der rechten Seite herauskommen. Wenn dies nicht funktioniert, verwenden Sie eine Wendehilfe.

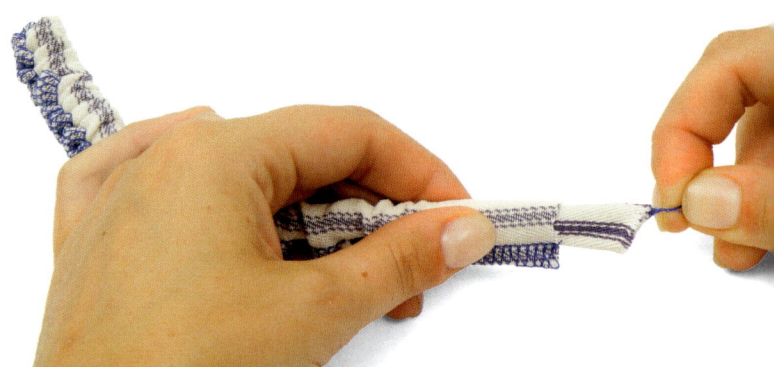

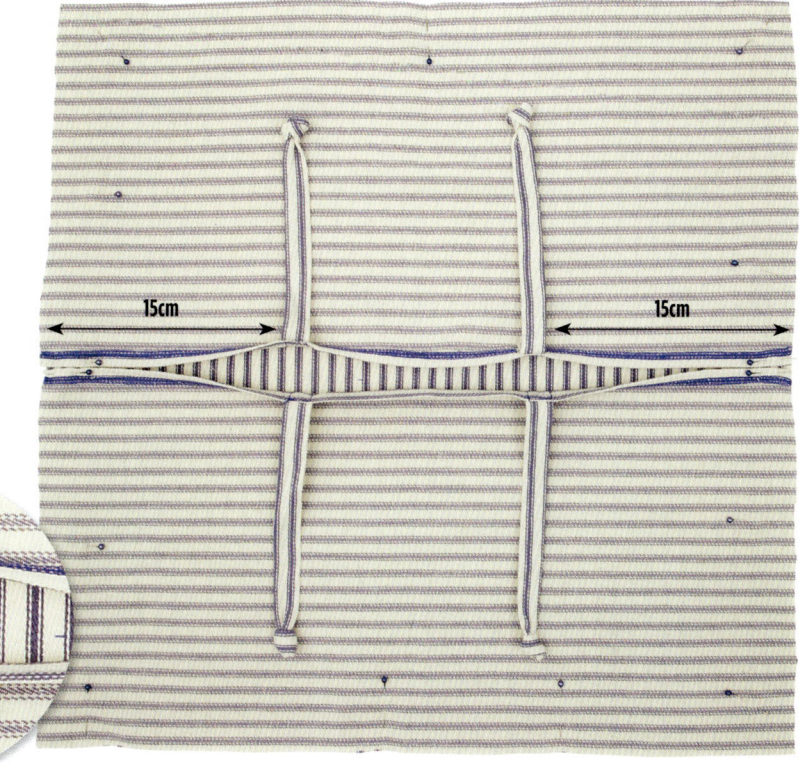

15cm   15cm

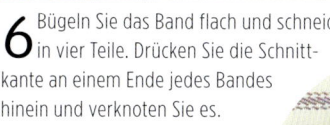

6 Bügeln Sie das Band flach und schneiden Sie es in vier Teile. Drücken Sie die Schnittkante an einem Ende jedes Bandes hinein und verknoten Sie es.

7 Schlagen Sie die Schnittkante der Bänder ein und bringen Sie zwei davon auf der linken Seite jedes Vierecks an – 15 cm von der Kante entfernt. Versäubern Sie mit der Nähmaschine.

8 Legen Sie die nicht eingesäumte Kante eines Vierecks auf eine Seite des Quadrats (mit den rechten Seiten aufeinander). Legen Sie das andere Viereck entlang der gegenüberliegenden Kante des Quadrates (mit den rechten Seiten aufeinander). Stecken Sie alles fest.

9 Overlocken Sie entlang aller vier Seiten. Achten Sie darauf, dass die Bänder nicht vernäht werden. Drehen Sie die rechte Seite nach außen und bügeln Sie alles flach.

Polsterstoffe wie dieser blaue Inlett-Stoff sorgen für einen robusten und stabilen Kissenbezug. Sie können Decken darin aufbewahren, wenn sie nicht benötigt werden.

Kordelzug-Tasche

Für diese Tasche oder Rucksack arbeiten Sie nur mit der Overlock – die Herstellung geht also sehr schnell. Die Tasche lässt sich als Schuhbeutel, Sporttasche für Kinder oder handliche Alltagstasche verwenden, da sie aus mittelschwerer Baumwolle besteht. Wählen Sie einen schwereren Polsterstoff, um eine stärkere Tasche zum Tragen von schweren Dingen anzufertigen.

SIE BENÖTIGEN
• 50 cm eines mittelschweren oder schweren Stoffes, 114 cm breit
• 4 Spulen passenden Faden (Polyester-Baumwoll-Mischgewebe oder Polyester)
• 1 Spule Ziergarn (optional)
• Stoffschwere
• Auswaschbare Stoffmarker oder Kreide
• Lineal oder Maßband
• Maßband
• Stecknadeln
• Bügeleisen
• Sicherheitsnadel oder lange Haarnadel

Den Stoff zuschneiden
• Für die Tasche: 1 Viereck mit 37 x 84 cm
• Für die Bänder: 2 Streifen mit 100 x 3cm (bei schweren Stoffen erhöhen Sie die Breite auf 4 cm. Dadurch lassen Sie sich leichter auf die rechte Seite drehen.)

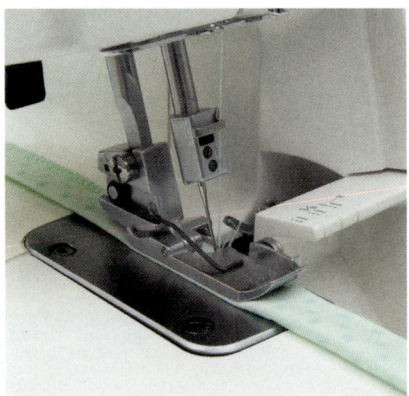

DIE BÄNDER ANFERTIGEN

1 Stellen Sie dafür Ihre Maschine auf den Drei-faden-Overlockstich ein.

2 Falten Sie einen Streifen der Breite nach (mit den rechten Seiten zusammen), stecken Sie ihn ab und overlocken Sie die lange Schnittkante und eine kurze Kante.

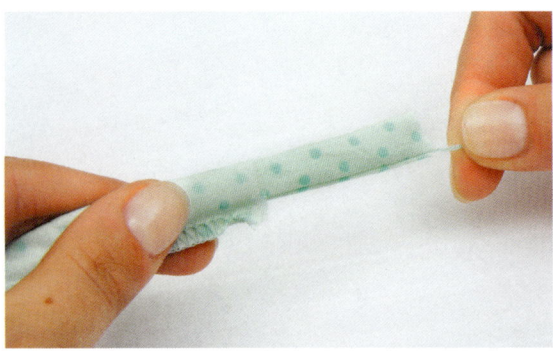

DIE TASCHE ANFERTIGEN

4 Messen Sie an jeder Kante des Vierecks 10 cm von jedem Ende und markieren Sie die Stellen mit Kreide.

3 Drehen Sie die rechte Seite heraus und bügeln Sie sie. Benutzen Sie zum Drehen eine Nadel mit doppeltem Faden und binden Sie einen Knoten. Fixieren Sie die Seite an der kurzen overlockten Kante. Schieben Sie die Nadel durch das Band und ziehen Sie daran: Das Band dreht sich auf die rechte Seite. Wiederholen Sie den Schritt für die zweite Seite.

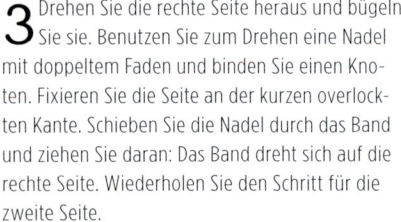

5 Stellen Sie die Maschine auf Vierfaden-Overlocken. Overlocken Sie vom Ende der langen Kante bis zur ersten Markierung – nur 10 cm entlang der Kante (nur eine Schicht Stoff).

6 Wiederholen Sie den Schritt für die andere Seite und für das andere Ende des Vierecks. Es entstehen vier overlockte, kleine Öffnungen für die Kordel-züge.

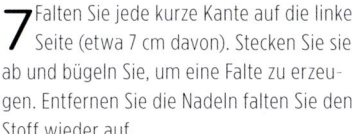

7 Falten Sie jede kurze Kante auf die linke Seite (etwa 7 cm davon). Stecken Sie sie ab und bügeln Sie, um eine Falte zu erzeugen. Entfernen Sie die Nadeln falten Sie den Stoff wieder auf.

8 Drehen Sie die Schnittkante hinein, sodass Sie die Falte berührt, und bügeln Sie darüber. Falten Sie entlang der ersten Falte erneut. Stecken Sie alles ab und bügeln Sie wieder. Dadurch entsteht eine Führung, mit der die Naht angefertigt werden kann, die die Verkleidung für die Bänder darstellt.

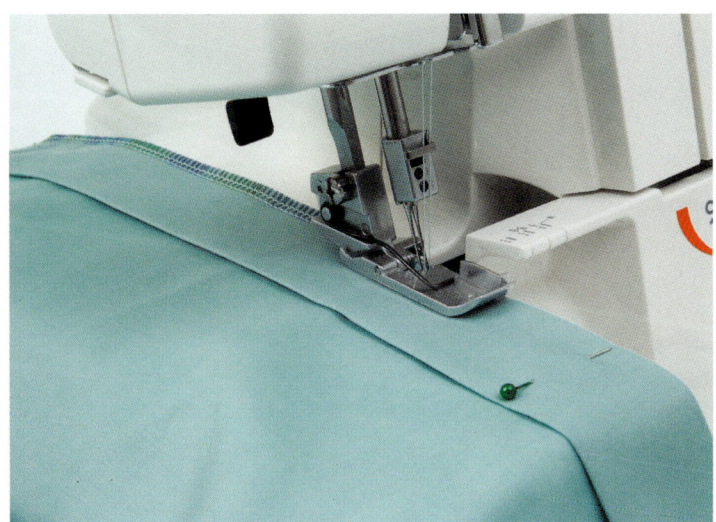

9 Stellen Sie die Maschine auf Vierfaden-Overlocken und verwenden Sie Ziergarn für den Obergreifer, um die Naht hervorstechen zu lassen. (Sie können aber auch normalen Faden verwenden.) Nähen Sie entlang der Falte über die kurze Stoffkante. Das Messer sollte die gefaltete Kante nicht abschneiden (es kann hierfür herausgenommen werden.)

10 Falten Sie das Viereck der Breite nach in zwei Hälften, mit den rechten Seiten zusammen. Die bearbeiteten, kurzen Kanten sollten einander berühren.

11 Overlocken Sie von der gefalteten bis zur Schnittkante an jeder Seite. Hören Sie auf, wenn sie die overlockten Stiche aus Schritt 5 erreichen. Arbeiten Sie die Enden mit einer Stricknadel ein, um die Naht zu sichern.

12 Bügeln Sie die Nähte auf eine Seite und drehen Sie die Tasche mit der rechten Seite nach außen.

  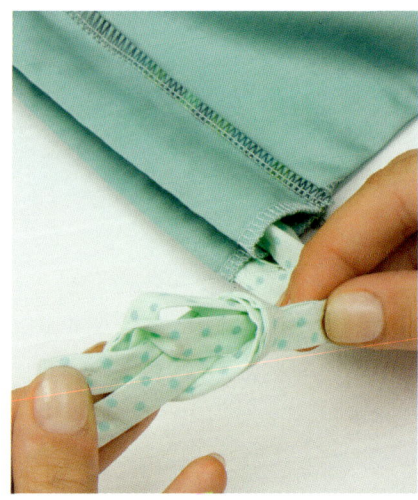

13 Verwenden Sie eine lange Haarnadel oder eine Sicherheitsnadel, um ein Band von der linken Seite der Tasche und durch die Verkleidung zu fädeln. Am rechten Ende sollte es herauskommen. Fädeln Sie es dann durch die Lücke und die Verkleidung auf der Rückseite.

14 Fädeln Sie das zweite Band von der Vorderseite durch die Verkleidung hinein und ziehen Sie es auf der linken Seite heraus. Fädeln Sie es dann durch die Lücke und die Verkleidung auf der Rückseite.

15 Drücken Sie an jedem Ende der Bänder etwas Stoff zurück in die Enden. Machen Sie ein paar händische Stiche und sichern Sie alles mit einem doppelten Knoten.

Blättern Sie um, um zu lernen, wie ein Korderzug-Rucksack gemacht wird. ▶

Diese Kordelzugtaschen sind für sehr viele Stoffe geeignet und bieten mehrere Verwendungsmöglichkeiten. Sie sind ideal für Sporttaschen für Kinder, für Schmucktaschen (kleinere Maße werden dafür benötigt) oder für einen Wäschebehälter auf Reisen (mit größeren Maßen).

Kordelzug-Rucksack

Als Alternative zur Kordel-zug-Tasche eignet sich dieser Rucksack perfekt für Kinder, um ihn auf Tagesausflüge mitzu-nehmen.

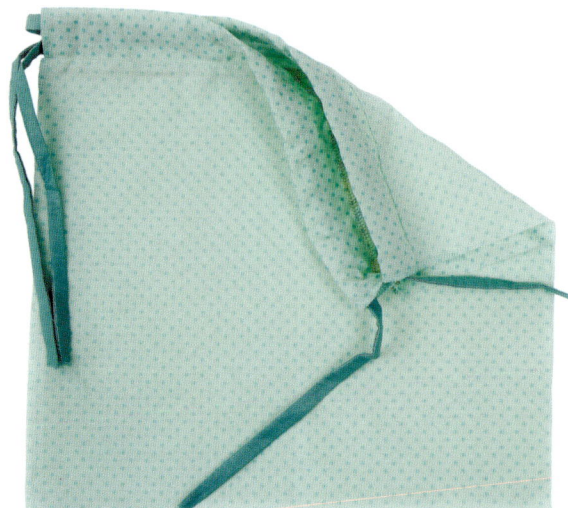

SIE BENÖTIGEN:
• 50 cm mittelschweren bis schweren Stoff mit 114 cm Breite
• 3 Spulen passenden Faden (Polyester-Baumwoll-Mischgewebe oder Polyester)
• Ziergarn (optional)
• Stoffschere
• Auswaschbare Stoffmarker oder Kreide
• Lineal oder Maßband
• Stecknadeln
• Bügeleisen
• Sicherheitsnadel oder lange Haarnadel

Den Stoff zuschneiden
• Für die Tasche: Ein Viereck mit 37 x 84 cm.
• Für die Bänder: 2 Streifen mit 110 x 3 cm.
Bei schweren Stoffen: Erhöhen Sie die Breite auf 4 cm. Dadurch lassen sie sich leichter auf die rechte Seite drehen.

1 Folgen Sie den Schritten 1–10 der Anleitung für die Kordel-zug-Tasche auf den Seiten 112–1115.

2 Fädeln Sie die Bänder durch die Verkleidung wie in den Schritten 13 und 14 der Anleitung für die Kordel-zug-Tasche beschrieben.

3 Auf jeder Seite sind nun zwei Enden. Ziehen Sie diese auf die untere Ecke aller Seiten des Rucksackes und stecken Sie sie mit Nadeln fest. Vergessen Sie nicht, die Nadeln herauszunehmen, bevor dieser Teil der Naht die Klinge der Overlock erreicht.

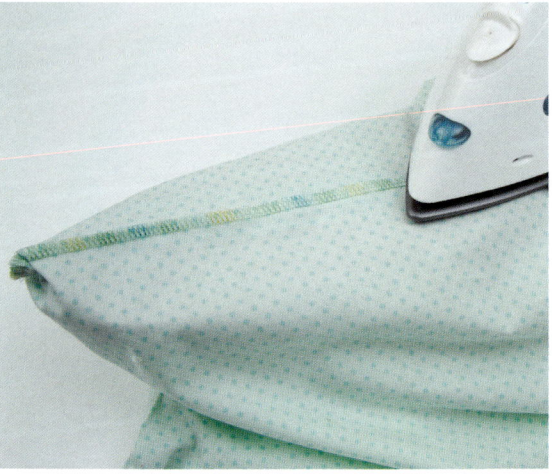

4 Overlocken Sie von der gefalteten Kante zur bearbeiteten Kante und hören Sie auf, wenn sie die overlockten Stiche aus Schritt 5 der Anleitung für die Tasche erreichen.

5 Arbeiten Sie die Enden mit einer Stricknadel ein, um die Nähte zu sichern.

6 Bügeln Sie die Nähte auf eine Seite und drehen Sie den Rucksack mit der rechten Seite heraus.

Schlauchrock

Dieser Rock sieht mit Jersey-Stoff toll aus und Sie werden nicht viel Zeit für die Herstellung benötigen. Nehmen Sie für den Winter dicken, schweren Jersey (wie Ponte Roma) und für den Sommer leichten Baumwoll-Jerseystoff oder T-Shirt-Stoff. Das Muster besteht aus rechteckigen Formen – das Nähen ist also wirklich einfach!

Tipp
Stellen Sie sicher, dass Sie die Stecknadeln beim Nähen aus dem Stoff ziehen, um die Schnittklinge nicht zu beschädigen.

SIE BENÖTIGEN:

• 1 m Stretchstoff (oder mehr für einen längeren Rock)
• 4 Spulen passenden Faden (Polyester oder Polyester-Baumwoll-Mischgewebe)
• 1 m eines 2,5 cm breiten Gummis
• Stoffschere
• Auswaschbare Stoffmarker oder Kreide
• Lineal
• Maßband
• Stecknadeln
• Bügeleisen
• Sicherheitsnadel

Den Stoff zuschneiden:

• Messen Sie für die Stoffbreite um Ihre Hüften herum und halbieren Sie dieses Maß.
• Messen Sie für die Stofflänge von Ihrer Taille bis zur gewünschten Rocklänge (z. B. über oder unter dem Knie). Fügen Sie zu diesem Maß 3,5 cm für das Säumen und die Nahtzugaben hinzu.
• Schneiden Sie zwei Vierecke Stoff mit den Maßen für Länge und Breite zu.

Stellen Sie sicher, dass sich der dehnbarste Bereich des Stoffes entlang der Hüfte befindet (Breitenmaß).

1 Legen Sie die zwei Rockteile mit den rechten Seiten aufeinander und stecken Sie die seitlichen Kanten ab. Overlocken Sie diese Kanten zusammen und schneiden Sie nur die ausfransende Kante ab.

2 Bügeln Sie die Nahtzugaben in Richtung Rückseite des Rockes und drehen Sie den Rock auf die rechte Seite. Probieren Sie ihn an. Nähen Sie die seitlichen Nähte ab, indem Sie sie erneut nähen und die overlockte Naht abschneiden (und wenn notwendig etwas von der Stoffkante), um die Passform zu verbessern.

3 Legen Sie den Gummi um Ihre Taille und überlappen Sie die Enden, bis Sie mit der Passform zufrieden sind. Wenn Sie den Rock für jemand anders herstellen, sollte der Gummi 7,5–12,5 cm weniger messen als das Maß der Taille. Überlappen Sie die Enden des Gummis und nähen Sie, um einen Kreis zu bilden. Verwenden Sie dafür die Zickzack-Einstellung der Maschine.

4 Falten Sie den Gummikreis in eine Hälfte und halbieren Sie ihn dann erneut. Zeichnen Sie die gefalteten Abschnitte mit einem Stoffmarker oder Kreide an, damit jedes Viertel des Kreises markiert ist. Wiederholen Sie diesen Schritt mit dem Rock.

5 Passen Sie die Gumminaht an eine der seitlichen Nähte im Inneren des Rockes an. Stecken Sie den Gummi fest, sodass die Viertel-Markierungen am Rock in etwa zu denen am Gummi passen. Sie werden nicht exakt übereinstimmen, weil der Gummi etwas kürzer ist als der Stoff.

6 Nähen Sie den Gummi mit der Overlock fest und schneiden Sie nur den Stoff ab, nicht den Gummi. Dehnen Sie den Gummi beim Nähen, indem Sie hinter und vor den Nadeln ziehen, damit Sie diese nicht übermäßig belasten.

7 Falten Sie den oberen Teil des Rockes um und schließen Sie den Gummi ein, um einen Bund zu erzeugen. Stecken Sie alles fest.

Tipps
• Verwenden Sie längeren Stoff und kreieren Sie einen Maxirock, der bis zum Boden reicht. Er ist im Winter gemütlich und warm, aber auch passend für den Sommer.
• Arbeiten Sie anstatt des Hüftumfanges mit dem Brustumfang und erzeugen Sie ein Schlauchtop. Verlängern Sie es für ein Kleid.
• Sie müssen nicht extra Rundungen gestalten – der Stretch-Stoff dehnt sich und passt sich an Ihren Körper an. Wenn Sie einen festeren Sitz bevorzugen, nähen Sie die seitlichen Nähte etwas mehr ab.

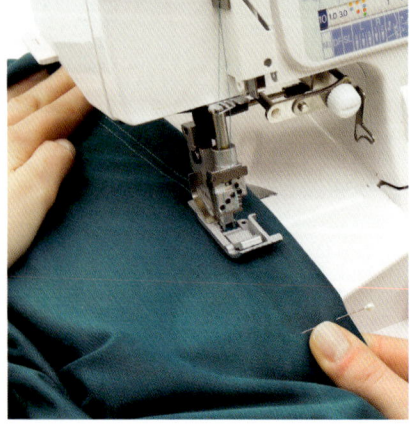

8 Verwenden Sie einen Überdeckstich, um den Gummi festzunähen, und dehnen Sie den Gummi so, dass der Stoff beim Nähen flach bleibt. Die Naht sollte die Gummikante berühren. Dehnen Sie den Gummi vor und hinter den Nadeln, um den Druck auf die Nadeln zu verringern, damit diese nicht brechen. Als Alternative könnte die Nähmaschine mit einem Geradstich oder einem engen Zickzack-Stich verwendet werden.

9 Umsäumen Sie die untere Kante des Rockes mit einem Überdeckstich, einem Blindsaum, einem falschen Saumbündchen, durch Overlocken und Nähen oder einfach nur mithilfe der Overlock. Ziehen Sie den Rock an und seien Sie stolz auf Ihr Projekt!

Diese Kleidungsstücke sind so vielseitig und so einfach herzustellen, dass Sie bald eines in jeder Farbe haben werden. Sie können sich damit in Schale werfen oder leger kleiden – sie eignen sich für jeden Anlass.

Leitfaden für Stoffe

In diesem Abschnitt lernen Sie, beim Arbeiten mit diversen Stoffen das Meiste aus Ihrer Maschine herauszuholen. Sie finden hier detaillierte Angaben über die empfohlene Einstellung von Differentialtransport und Stichlänge sowie Informationen zur Wahl der richtigen Nadelgröße und zu Nähten und Saumtechniken.

Die Overlock kann mit fast allen Stoffen arbeiten. Beim Anfertigen von Nähten oder der Kantenbearbeitung ist die Overlock einfacher zu verwenden als eine Nähmaschine – und die Ergebnisse sind meist dennoch besser. Das Wissen um die richtigen Einstellungen, Nadeln und Fäden ermöglicht es Ihnen, perfekte Nähte und Säume herzustellen. Bei so vielen vorhandenen Stoffen ist es nicht möglich, jeden einzelnen aufzulisten. Der Leitfaden hat drei Hauptkategorien: Jede davon enthält eine Auswahl an Stoffen sowie Einstellungen für die Overlock und weitere nützliche Tipps.

Es gibt viele verschiedene Fäden, die für jeden Stofftyp verwendet werden können. Normalerweise benötigen schwerere Stoffe stärkere Fäden und leichtere Stoffe feinere. Je nach Projekt oder Stoffkante sollte die Wahl der Fadentypen jedoch angepasst werden: Ein gesponnener Polyesterfaden eignet sich für einen mittelschweren Baumwollstoff, aber auch ein Metallgarn im Obergreifer sorgt für einen dekorativen Effekt. In den Abschnitten über Fäden und dekorative Stiche finden sich detailliertere Informationen über die möglichen Optionen für die Spannungseinstellung und die Nähtechniken.

Jede Overlock enthält eine Bedienungsanleitung, die ein bestimmtes Nadelsystem vorschlägt. Diese Nadeln sollten verwendet werden, um die bestmöglichen Ergebnisse zu erzielen. Die Dicke oder Größe der Nadel sollte auch zum Gewicht des Stoffes passen. Dieser Leitfaden enthält Vorschläge für Nadelgrößen, aber sie sollten in Verbindung mit der Bedienungsanleitung Ihrer Maschine verwendet werden: Denn nicht auf jeder Maschine können Differentialtransport oder Stichlänge verändert werden.

Sie können diese Leitlinie verwenden, wenn Sie eine Standard-Maschine benutzen. Informationen zu Einstellungen, die für Ihre Maschine nicht verfügbar sind, können Sie jedoch ignorieren.

Leichte Stoffe

Sie können durchsichtig oder blickdicht sein und in Geschmeidigkeit und Weichheit variieren. Einige leichte Stoffe fransen mehr aus als andere, was die Wahl der Naht oder der Saumbearbeitung beeinflussen kann. Verwenden Sie eine dünnere Nadel und eine kürzere Stichlänge.

NÄHTE

Bei durchsichtigen Stoffen muss beachtet werden, dass das Innere des Stoffes von außen sichtbar ist. Daher eignen sich feinere Fäden besser für die Nähte. Arbeiten Sie mit einem Zwei- oder Dreifaden-Overlockstich.

SÄUME

Rollsäume, Picot-Kanten und enges Umsäumen eignen sich wirklich gut für leichte Stoffe und es ist viel einfacher, sie mit einer Overlock zu bearbeiten als mit einer normalen Nähmaschine.

Rollsäume eignen sich exzellent für Chiffon und Georgette-Stoffe.

STOFFTYP	FADENTYP	NADEL	STICHLÄNGE	DIFFERENTIALTRANSPORT
Voile, Georgette, Chinakrepp, Chiffon, Batist-Baumwolle	Baumwolle, Seide oder Synthesefaser 80–100	10–12 (70–80)	2–3	0,5–1

Overlocken Sie feine Stoffe mit nur zwei oder drei Fäden: Das Ergebnis kann sich sehen lassen.

Dreifaden-Overlocknähte auf mittelschwerer Baumwolle eignen sich ideal für Nähte, die nicht stark belastet werden. Vierfaden-Nähte ermöglichen eine sicherere Kantenbearbeitung.

Mittelschwere Stoffe

Unter diese Kategorie fallen die meisten leicht zu nähenden Kleidungsstücke. Die verwendeten Techniken hängen vom Zweck des Stoffes ab.

NÄHTE

Ein Dreifaden-Overlockstich passt für die meisten mittelschweren Stoffe, aber ein Vierfaden-Stich verstärkt den Stoff (Wählen Sie den Stich also je nach Verwendungszweck). Lose gewebte Stoffe sollten vor dem Overlocken mit einer Nähmaschine bearbeitet werden. So werden sie verstärkt, die overlockte Kante trennt sich nicht auf und es entstehen keine Löcher. Eine Alternative wäre ein Vier- oder Fünffaden-Sicherheitsstich. Er sieht ähnlich aus, ist aber noch stärker.

SÄUME

Enges Umsäumen eignet sich gut für einige mittelschwere Stoffe, je nachdem, wie sehr sie zum Ausfransen neigen. Ein enger Dreifaden-Stich oder ein Dreifaden-Overlockstich können hierfür verwendet werden. Sie können auch mit einem Überdeckstich arbeiten, wenn er auf der Overlock verfügbar ist – oder Sie overlocken zuerst, schlagen den Stoff ein und nähen ihn mit der Nähmaschine fest. Probieren Sie die Techniken zunächst mit Stoffresten aus, bevor Sie sich für eine Methode entscheiden.

STOFFTYP	FADENTYP	NADEL	STICHLÄNGE	DIFFERENTIALTRANSPORT
Baumwolle, Leinen, Satin, Baumwollmischungen, Seide	Baumwolle oder Synthesefaser 60–100, Seide 50-100	12–14 (80–90)	2,5–3,5	1

Schwere Stoffe

Eine Overlock kann Nähte und Säume schwerer Stoffe verstärken und für Langlebigkeit sorgen. Das Overlocken auf der Innenseite von Polstern und Kissen ermöglicht, dass die Stoffe sich ohne Ausfransen waschen lassen. Verwenden Sie starke Fäden und dickere Nadeln, ansonsten lassen sich einige Stoffe nicht gut nähen.

Manche Stoffe könnten beim Nähen verzogen werden. Benutzen Sie einen Stabilisator oder ein Nahtband aus Baumwolle, um dies zu vermeiden oder binden Sie die Nahtzugaben ab.

NÄHTE

Verwenden Sie für schwere Stoffe erst die Nähmaschine und overlocken Sie dann mit der allen vorhandenen Fäden. Um den Stoff zu verstärken, kann auch ein Vier- oder Fünffaden-Sicherheitsstich benutzt werden (wenn er auf der Maschine verfügbar ist). Schwere Stoffe haben meist sperrige Nähte:

Sie können zuerst auf der Nähmaschine nähen und dann jede Nahtzugabe separat overlocken. Probieren Sie es einfach aus. Bei sehr massigen Stoffen ist es meist einfacher, zunächst die Kanten zu overlocken und dann die Naht auf der Nähmaschine zu setzen, wenn der Stoff und die Nähte keinen

Platz unter dem Overlock-Fuß haben. Eine Alternative, um Sperrigkeit an Nähten zu vermindern und den Stoff zu verzieren, ist eine Flatlock-Naht. Schwerere Stoffe benötigen eventuell eine losere Nadelspannung. Daher sollten Sie den Stich zuerst auf Stoffresten testen.

SÄUME

Einige dickere Stoffe sehen mit einer Drei- oder Vierfaden-Naht an der Kante wirklich gut aus. Andere hingegen sollten overlockt, eingeschlagen und erneut genäht werden, wodurch ein Überdeckstich entsteht.

STOFFTYP	FADENTYP	NADEL	STICHLÄNGE	DIFFERENTIALTRANSPORT
Denim (Jeansstoff), Tweed, Kanevas, Bezugsstoffe	Baumwolle, Seide oder Synthesefaser 50–60	14–16 (90–100)	3–4	1

Overlocken Sie schwere Stoffe mit vier oder fünf Fäden für ein sicheres Finish. Verwenden Sie Ziergarn zum Einsäumen von Stoffkanten einfacher Tischdecken oder für Überwürfe.

Glossar

Abketteln
Ohne Stoff am Overlocker nähen. Eine gekettete Kante entsteht, die mit dem Fadenabschneider der Maschine oder mit einer Schere abgeschnitten werden kann.

Absteppen
Maschinen-Naht auf der rechten Stoffseite, als Dekoration oder zum Verstärken. Auf der Overlock mit den Einstellungen für Ketten- oder Überdeckstiche durchführbar.

Ausgeglichener Stich
Ein Stich, bei dem die Nadelfäden korrekt über und unter dem Stoff sitzen und die Greiferfäden erst an der Stoffkante aufeinandertreffen.

Blende
Ein Stück Stoff zum Einfassen von ungesäumten oder unbearbeiteten Kanten von Kleidungen. Blenden sind an Ausschnitten, Taillen und Säumen zu finden.

Blindsaum
Eine (fast) unsichtbare Saumbearbeitung, bei der die Kanten gleichzeitig bearbeitet und eingesäumt werden. Die Technik eignet sich am besten für schwere Stoffe wie Möbelstoffe, Fleece und Wolle.

Bügeln (von Nähten)
Beim Nähen einer Naht werden die Stiche und die Nahtzugabe (entweder offen oder auf eine Seite) durch Bügeln eingebettet, damit der Faden flach aufliegt. Das Bügeleisen wird jedoch nicht hin- und hergeschoben, sondern immer wieder auf den Stoff aufgesetzt. So werden die Fäden und der Stoff nicht verzerrt.

Bündeln
Zwei Stücke Stoff werden verbunden, dazwischen verbleibt eine Lücke, die mit einem Überdeckstich oder einer Flatlock-Naht geschlossen werden kann.

Chiffon
Ein durchsichtiger, leichter Stoff.

Converter
Er ist ein separates Teil oder an den Obergreifer angebracht und wird für Zweifaden-Overlockstiche verwendet. Er blockiert das Öhr des Obergreifers – die Maschine arbeitet nur mit dem Untergreifer und einer Nadel.

Dichtmittel
Es schützt Nähte vor dem Ausfransen oder Overlock-Ketten vor dem Auftrennen. Sparsam verwenden und zuvor auf einem kleinen Bereich testen.

Differentialtransport
Er arbeitet gemeinsam mit den Stoffschieber-Zähnen und kann verwendet werden, um ungewolltes Kräuseln, Dehnen oder Fältelung auf Nähten und Säumen zu verhindern (oder zu erzeugen, wenn gewünscht). Der Differentialtransport kontrolliert die Geschwindigkeit, mit dem sich die Stoffschieber-Zähne bewegen.

Drückerfuß
Er hält den Stoff flach, wenn dieser sich durch die Maschine bewegt. Ein Standard-Overlockfuß ist bei der Maschine enthalten und für die meisten Nähtechniken geeignet.

Durchsichtig
Farblos oder zum Hindurchsehen.

Durchziehnadel
Eine Nadel mit großem Öhr, die oft als Sticknadel für Kinder verkauft wird. Sie ist aus Plastik oder Metall und hat eine stumpfe Spitze. Durchziehnadeln eignen sich gut für die Kantenbearbeitung.

Einlage
Eine Stoffschicht, die viele Bereiche des Kleidungsstückes unterstützt, formt und stabilisiert. Sie ist normalerweise bei Kragen, Ärmelstulpen, Blenden, Bünden oder um Knopflöcher herum zu finden. Eine Einlage kann aufgebügelt oder eingenäht werden und ist in verschiedenen Gewichten und in schwarzer oder weißer Farbe erhältlich.

Fadenführungsbügel
Er hält die Fäden entwirrt, wenn sie von der Spule zur Maschine verlaufen. Der Bügel kann erweitert werden und sollte sich in der höchsten Position befinden, damit die Fäden ohne Probleme eingefädelt werden können.

Fadenführungen
Sie fixieren den Faden, wenn er von der Spule zur Nadel oder einem Greifer verläuft.

Flatlocken
Zwei Kanten oder ein Falz werden mit der Overlock genäht und dann auseinandergezogen, damit die Stiche flach liegen. Flatlocken kann normale Overlock-Nähte ersetzen und die Nahtlinie auf der rechten Seite eines Kleidungsstückes oder eine Tasche schön verzieren. Flatlocken eignet sich am besten für schwere oder sperrige Stoffe, die nicht leicht ausfransen. Die Stiche sind reversibel und können auf der rechten oder linken Seite eines Nähprojektes verwendet werden, um entweder Schlaufen oder Laufmaschen zu erzeugen.

Flusen
Fusseln von Stoffen und Fäden, die sich in der Maschine ansammeln.

Französische Naht (Rechtslinksnaht)
Eine geschlossene Naht, bei der die Nahtzugaben beim Nähen umschlossen werden. Durch zweimaliges Nähen wird die Naht verstärkt und widerstandsfähiger. Nähen Sie zuerst die linken Seiten zusammen, drücken Sie die Naht auf eine Seite und falten Sie dann die rechten Seiten zusammen. Nähen Sie erneut und umschließen Sie damit die Nahtzugabe oder die Overlock-Naht.

Fußpedal
Das Pedal, mit dem die Geschwindigkeit der Maschine gesteuert wird. Je härter Sie drücken, desto schneller arbeitet sie. Bei manchen Pedalen lässt sich die Geschwindigkeitseinstellung verstellen: Sie können so, je nach Vorliebe, langsamer oder schneller arbeiten.

Greifer
Die Overlock hat normalerweise zwei Greifer, einen oberen und einen unteren. Sie arbeiten zusammen, um Fäden von einer Seite zur anderen zu bewegen und die Stoffkanten zu bearbeiten.

Greifer-Abdeckung
Eine Abdeckung, die die Greifer umhüllt. Manche Maschinen besitzen zwei, andere nur eine. Einige Overlocks haben eine Sicherung, die das Nähen verhindert, wenn die Abdeckungen offen sind.

Biesen
Enge Reihen mit Biesen werden durch einen Rollsaum oder Einstellungen für Überdeck- oder Kettenstiche gefertigt.

Handrad
Manchmal als Schwungrad bezeichnet. Es kann händisch gedreht werden, um die Position der Nadeln und Greifer zu ändern, die Maschine einzufädeln oder beim Nähen mehr Genauigkeit beim Setzen der Stiche zu ermöglichen. Faustregel: Drehen Sie das Handrad immer zu sich.

Heften
Vorläufige Naht mit der Hand oder der Maschine (mit langen Stichen).

Jersey
Ein gestrickter, dehnbarer Stoff aus mehreren Fasern.

Kantenbearbeitung
Die Schnittkante des Stoffes kann mit einer Zickzackschere, einem Zickzackstich auf einer Standard-Nähmaschine oder durch Overlocken bearbeitet werden.

Kappnaht

Sie entsteht, indem die linken Seiten des Stoffes zusammengenäht werden. Eine Nahtzugabe wird abgeschnitten und die andere umgefaltet, um die abgeschnittene Nahtzugabe zu umhüllen. Dann kann erneut an der Nähmaschine oder mit einem Überdeck- oder Kettenstich auf der Overlock genäht werden. Kappnähte verleihen Kleidungsstücke oder Taschen zusätzliche Festigkeit.

Kettenstich

Ein Stich aus einem Greifer und einer Nadel. Auf der rechten Seite sieht er aus wie ein Geradstich; auf der Rückseide des Stoffes entsteht eine Kette.

Kräuseln

Eine Möglichkeit, um Stoffe zu raffen, indem dünne, reihenweise vernähte Gummikordeln verwendet werden.

Falsches Saumbündchen

Ein Saum, der wie ein Band aussieht und an die Stoffkante genäht wird.

Nadelplatte

Sie liegt unter dem Drückerfuß und erzeugt eine weiche Oberfläche, die den Stoff unter dem Maschinenfuß transportiert. Er hat ein Lock für die Nadel und die Stoffschieber-Zähne.

Naht

Eine genähte Linie, die zwei Stücke Stoff verbindet.

Nahtzugabe

Die Menge an Stoff zwischen der Nahtlinie und der Stoffkante. Eine Nahtzugabe ist normalerweise 1,5 cm lang.

Picotkante

Eine dekorative Kante, die durch die Kombination eines Rollsaumes mit einer langen Stichlänge entsteht. Der Saum ähnelt einer Bogenkante und eignet sich am besten für mittelschwere oder leichte Stoffe.

Paspel

Ein Kord umhüllt mit einem Schrägband. Wird für dekorative Nähte verwendet.

Pivot-Technik

Bei dieser Tätigkeit wird der Stoff gedreht, während die Nadel ihn auf der Maschine in derselben Position hält.

Plattstiche

Enge Stiche mit einer sehr kurzen Stichlänge. Das ermöglicht bei engen oder Rollsäumen oder beim Abdecken von Kord eine bessere Verkleidung.

Rollfalzen

Ein sehr enger Stich, der den Stoff beim Nähen auf die Unterseite rollt. Dadurch entstehen Säume oder Verzierungen auf Kleidungsstücken. Dieser Stich ist am besten für leichte bis mittelschwere Stoffe geeignet, um ein feines, aber doch starkes Kantenfinish zu erzielen. Der Stich wird von der rechten Nadel oder einem oder zwei Greifern gesetzt. Stellen Sie die rechte Nadel enger als normalerweise ein und spannen sie den Faden des Untergreifers. Dieser zieht den Faden des Obergreifers auf die Rückseite des Stoffes und rollt gleichzeitig die Stoffkante.

Rouleau-Schleife

Normalerweise enge kordartige Stoffstreifen, die als Bänder, Knopfschlaufen, Krawatten und andere Dekorationen verwendet werden können. Sie entstehen durch Zuschneiden und Nähen von Schrägstreifen (mit den rechten Seiten zusammen und dann auf die rechte Seite gedreht).

Salatrand

Eine dekorative, gekräuselte Kante, die durch Vergrößern des Differentialtransports und durch eine kurze Stichlänge oder einen Plattstich (Satinstich) entsteht.

Schlingstich

Ein handvernähter Stich, um eine Naht oder einen Saum zu schließen. Der Stich ist von der rechten Seite nicht zu sehen.

Schräge

Die Diagonale über dem Stoff. Eine echte Schräge hat einen Winkel von 45°, wenn die Faserrichtung eine Senkrechte ist.

Schrägband

Ein schräg geschnittener Stoffstreifen. Er kann über einen Stoffrand gewickelt werden und als Dekoleiste für Nähte und Säume dienen.

Spannung

Wie straff oder lose der Faden gehalten und durch die Maschine gezogen wird.

Spule

Ein Zylinder, um den der Faden gewickelt wird.

Stabilisator

Trägergewebe, das die Naht oder die Stoffkante verstärkt. Es kann vor dem Nähen aufgebügelt werden oder auflösbar sein, damit es nach dem Nähen entfernt werden kann.

Stichfinger (Stichformer)

Ein kleines Stück Metall auf der Nadelplatte, um das der Stich gesetzt wird. Für engere Stiche oder Rollfalzen kann er herausgenommen werden.

Stoffschieber-Zähne

Diese Zähne befinden sich unter dem Drückerfuß. Eine Overlock hat zwei Sets Zähne, die mit dem Differentialtransport arbeiten. Die Zähne arbeiten unabhängig voneinander. Einer schiebt den Stoff von vorne unter den Fuß in Richtung Nadel, der andere nimmt ihn an der Hinterseite der Maschine wieder auf.

Twill-Band

Verstärkt eine Naht und verhindert Ausdehnen. Es wird oft für die Taille verwendet und besteht aus unelastischem Stoff.

Überdeckstich

Eine doppelte oder dreifache Reihe paralleler Geradstiche auf der Oberseite des Stoffes, mit einem Overlock-Finish auf der Unterseite. Er wird meist für Maschenware verwendet, wo Absteppungen entstehen und gleichzeitig die Schnittkante des Saumes bearbeitet wird.

Wendehilfe

Ein Tool, um durch Nähte auf die rechte Seite zu drehen, zum Beispiel für Rouleau-Schleifen, dünne Streifen für Kleidung, Taschen oder Haushaltsartikel.

Wulstnaht

Entsteht durch gleichzeitiges Nähen der rechten Stoffseiten. Eine Nahtzugabe wird abgeschnitten und die andere umgefaltet, um diese Nahtzugabe zu überdecken. Die nicht abgeschnittene Nahtzugabe kann vernäht und erneut mit der Nähmaschine, dem Überdeck- oder Kettenstich genäht werden. Wulstnähte verleihen Kleidung oder Taschen zusätzliche Festigkeit.

Register

Danksagung

Quarto möchte sich für das Zurverfügungstellen der Bilder in diesem Buch herzlich bedanken:

Feng Yu, Shutterstock, Seite 16 ol (1)
Stephen Rees, Shutterstock, Seite 16 ol (2)
Urfin, Shutterstock, Seite 120 l

Alle anderen Fotografien und Illustrationen unterliegen dem Copyright von Quarto Publishing plc. Quarto hat sich bemüht, alle Beteiligten anzuführen, entschuldigt sich für etwaige Auslassungen oder Fehler und wird sie in künftigen Auflagen des Buches korrigieren.

Quarto bedankt sich ebenso bei **Janome** für das Zurverfügungstellen der Overlocks.

Janome UK Ltd
Janome Centre, Southside
Stockport, Cheshire, SK6 2SP
www.janome.com • 0161 666 6011

Danksagung des Autors
Ein großes Dankeschön gilt meiner Mutter Margaret Hincks für das Herstellen der Nähbeispiele, die Suche nach Stoffen und für das Besprechen der Ideen. Von dir habe ich auch viele Kenntnisse im Bereich Nähen gelernt. Ohne dich wäre dieses Buch nicht möglich gewesen.

Danke auch an Elizabeth Betts von Quilty Pleasures: Sie haben mir bei der Wahl der richten Stoffe und die Einlage für den Quilt sehr geholfen und waren immer für mich da – sogar an Ihrem freien Tag. www.quilty-pleasures.co.uk.